Motivation zwischendrin

BD, Spiele, Chansons, Videos, Quiz

Französisch für die Sek. 1

von
Eva Müller

Ernst Klett Sprachen
Stuttgart

1. Auflage 1 5 4 3 2 1 | 2020 19 18 17 16

Internetadresse: www.klett-sprachen.de

Redaktion: Sylvie Cloeren
Layoutkonzeption: Marion Köster, Stuttgart
Gestaltung und Satz: Eva Mokhlis, Swabianmedia, Stuttgart
Umschlaggestaltung: Andreas Drabarek
Druck und Bindung: AZ Druck und Datentechnik GmbH, Heisinger Straße 16, 87437 Kempten/Allgäu

Printed in Germany

ISBN 978-3-12-927918-2

9 783129 279182

Vorwort

Liebe Kolleginnen und Kollegen,

in meinen Klassen kommt

- **vor den Ferien**,
- in der **restlichen Doppelstunde** nach einer Klassenarbeit,
- **vor Beginn einer neuen Buchlektion**,
- am **Schuljahresende**,
- in einer **Intensivierungsstunde** am Nachmittag,
- in einer **Vertretungsstunde** usw.

oft die Frage auf, ob wir nicht einmal etwas anderes als eine Lehrbuchlektion machen können.
Daher habe ich in den letzten Jahren verschiedene Aktivitäten entwickelt und sie in meinen Gymnasialklassen mit Französisch als 2. Fremdsprache erprobt. Ich möchte sie Ihnen gerne zur Verfügung stellen.
Mein Ziel dabei war es, durch **abwechslungsreiche, besondere Inhalte mit hoher Schüleraktivierung** die „Lehrbuchroutine" zu unterbrechen und dadurch die Schüler und Schülerinnen (SuS) zwischendrin neu für das Fach Französisch zu motivieren.

Sie finden im Folgenden Aktivitäten im Bereich

- **BD**,
- **Spiele** (mit Schwerpunkt **Grammatik, Wortschatz oder Kommunikation**),
- **Chansons**,
- **Videos**
- und **Quiz**,

die Sie **direkt** in Ihrem Unterricht **einsetzen** können: als Teil einer Unterrichtsstunde (z.B. einzelne Spiele) oder als einzelne Unterrichtsstunde zwischendrin oder als Unterrichtsreihe (z.B. „BD" oder „Chansons" in mehreren Unterrichtsstunden hintereinander).

Die Aktivitäten sind in **verschiedenen Niveaus** und Jahrgangsstufen **lehrwerksunabhängig** einsetzbar.
Sie finden in der untenstehenden Übersicht eine Zuordnung zu diesen Lernjahren und Altersgruppen (sowie zu den Niveaustufen des Gemeinsamen Europäischen Referenzrahmens GER als Anhaltspunkt). Natürlich sind die Aktivitäten auch für andere Klassen mit Französisch als 1. oder 3. Fremdsprache übertragbar.
Bei Mittelstufenklassen hängt es von der Lerngruppe und der Anmoderation durch die Lehrkraft (L) ab, ob sie zu spielerischen Aktivitäten bereit sind, insofern ist die untenstehende Tabelle nur zur Orientierung gedacht.

Viel Freude beim Ausprobieren mit Ihren SuS wünscht
Eva Müller (geb. Weber)

Symbole

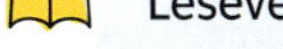	Leseverstehen		Hörsehverstehen		Plenum
	Schreiben		Einzelarbeit		Internet
	Sprechen		Partnerarbeit		szenisches Spiel
	Hörverstehen		Gruppenarbeit		DVD-ROM

Übersichtstabelle der Aktivitäten

1. BD

Nummer	Titel der Aktivität	Material	Klasse (bei Frz als 2. Fremdsprache) GER-Niveau 6 A1	7 A2	8 A2+	9 B1	Seite
1.1	Les profs – la meilleure place en classe	KV 1.1a + b DVD-ROM		X	X	X	6
1.2	Les profs – l'accident	KV 1.2 DVD-ROM		X	X	X	6
1.3	Titeuf – je suis maudit	KV 1.3 DVD-ROM		X	X	X	10
1.4	Titeuf – le photomaton	KV 1.4 DVD-ROM		X	X	X	10
1.5	Eigenes Comic zeichnen		X	X	X	X	14
1.6	Eigene Fotostory erstellen		X	X	X	X	14

2. Spiele

2.1 Schwerpunkt: Grammatik

Nummer	Titel der Aktivität	Material	Klasse (bei Frz als 2. Fremdsprache) GER-Niveau 6 A1	7 A2	8 A2+	9 B1	Seite
2.1.1	"quel"-Eckenlaufen			X			15
2.1.2	Adjektiv-Quartett	KV 2.1.2	X	X			16
2.1.3	Trouve qn qui…	KV 2.1.3a + b	X	X	X		20
2.1.4	Zahlen-Abklatschen		X	X	X		22
2.1.5	Qui suis-je ?		X	X	X	X	23
2.1.6	Prominenten-Vergleiche			X	X	X	24
2.1.7	Jouer au chef		X	X			25
2.1.8	"tout"-Obstsalat			X			25
2.1.9	Jeu des hôtels	KV 2.1.9a + b + c	X	X	X	X	26
2.1.10	Eigenes Spiel erstellen		X	X	X	X	31
2.1.11	Les bateaux / Schiffeversenken	KV 2.1.11a + b + c + d	X	X	X	X	32

2.2 Schwerpunkt: Wortschatz

Nummer	Titel der Aktivität	Material	Klasse (bei Frz als 2. Fremdsprache) GER-Niveau 6 A1	7 A2	8 A2+	9 B1	Seite
2.2.1	Tafel-Alphabet-Staffel		X	X			37
2.2.2	Rückenschreiben		X	X			37
2.2.3	Boum !		X	X	X		38

2.3 Schwerpunkt: Kommunikation

Nummer	Titel der Aktivität	Material	Klasse (bei Frz als 2. Fremdsprache) GER-Niveau				Seite
			6 A1	7 A2	8 A2+	9 B1	
2.3.1	Prédire des mots			X	X	X	39
2.3.2	Les blagues	KV 2.3.2a + b		X	X	X	40
2.3.3	Jeu du savoir	KV 2.3.3a + b			X	X	46
2.3.4	La personne sur la chaise	KV 2.3.4a + b DVD-ROM		X	X	X	53

3. Chansons

Nummer	Titel der Aktivität	Material	Klasse (bei Frz als 2. Fremdsprache) GER-Niveau				Seite
			6 A1	7 A2	8 A2+	9 B1	
3.1	Pokora : « Reste comme tu es »	KV 3.1			X	X	56
3.2	Louane : « Jour 1 »	DVD-ROM		X	X	X	58
3.3	Stromae : « Papaoutai »	KV 3.3a + b DVD-ROM	X	X	X	X	59
3.4	Les Yeux d'La Tête : « Cinéma »	KV 3.4a + b DVD-ROM		X	X	X	62

4. Videos

Nummer	Titel der Aktivität	Material	Klasse (bei Frz als 2. Fremdsprache) GER-Niveau				Seite
			6 A1	7 A2	8 A2+	9 B1	
4.1	Les carambars	KV 4.1a + b			X	X	65
4.2	Les animaux comme ennemis	KV 4.2 DVD-ROM		X	X	X	68
4.3	Une pub inattendue	KV 4.3 DVD-ROM		X	X	X	70
4.4	Le papier ne sera jamais mort	KV 4.4 DVD-ROM			X	X	72
4.5	Le Parisien	KV 4.5 DVD-ROM			X	X	74

5. Quiz

Nummer	Titel der Aktivität	Material	Klasse (bei Frz als 2. Fremdsprache) GER-Niveau				Seite
			6 A1	7 A2	8 A2+	9 B1	
5.1	Un quiz sur la France	KV 5.1 DVD-ROM	X	X	X	X	76
5.2	Un quiz sur l'Europe	KV 5.2			X	X	78

1.1 Les profs – la meilleure place en classe

A2 7. Kl | A2+ 8. Kl | B1 9. Kl

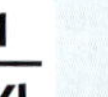
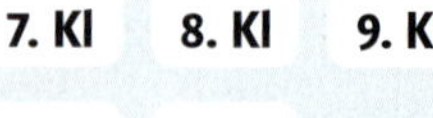
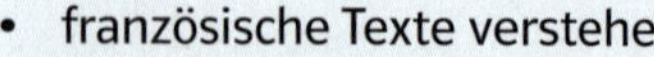
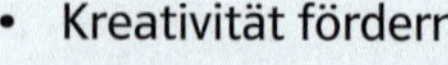

Lernziele
- französische Texte verstehen
- Kreativität fördern
- den Witz der Schlusspointe verstehen

Material
KV 1.1a + KV 1.1b (für die SuS auseinandergeschnitten),
Originalbild auf der DVD-ROM

Verlauf
Die SuS lesen zunächst in Stillarbeit die Comicseite. Dann überlegen sie alleine (oder mit ihrem Banknachbarn), was auf dem letzten Bild zu sehen sein könnte, und zeichnen es. Anschließend gehen alle SuS im Klassenzimmer umher und sehen sich die Zeichnungen der Mitschüler an. Danach teilt die L das Originalbild aus, das die SuS auf die Rückseite des Blattes kleben. Dann kann im Plenum besprochen werden, wie die SuS das letzte Bild finden und warum.

→ Eine Möglichkeit für ein schnelles Meinungsbild: Die L fragt *„Comment est-ce que vous trouvez la dernière image ?"* Die SuS zeigen dann gleichzeitig mit dem Daumen nach oben *(= super)*, zur Seite *(= bof)* oder nach unten *(= nul)*.

1.2 Les profs – l'accident

A2 7. Kl | A2+ 8. Kl | B1 9. Kl

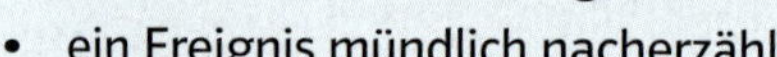

Lernziele
- französische Texte verstehen und in eine sinnvolle Reihenfolge bringen können
- sich in die Rolle einer Figur versetzen
- ein Ereignis mündlich nacherzählen

Material
KV 1.2, Originalbild auf der DVD-ROM

Verlauf
Zuerst überlegen die SuS zusammen mit ihrem Banknachbarn, welche Reihenfolge der Bilder sinnvoll ist. Anschließend erfolgt die Verbesserung im Plenum. Dann sollen die SuS in Aufgabe 2 nacherzählen, was geschehen ist, und weitere inhaltliche Elemente dazu erfinden (damit die Redeanteile der beiden Sprecher gleichmäßig verteilt sind).

Um bei den Dialogen alle SuS gleichzeitig zu aktivieren, ist z.B. folgende Vorgehensweise möglich: Es setzen sich immer vier SuS zusammen. Die ersten beiden SuS spielen den Dialog vor, die beiden anderen hören zu und machen sich ggf. Notizen. 30 Sekunden vor Ende der Redezeit gibt die L vorne ein akustisches Signal (mit einer Glocke o.ä.), damit die SuS wissen, dass sie jetzt langsam ihr Gespräch abschließen müssen. Danach geben die beiden Zuhörer Rückmeldung, was gut war und was verbessert werden sollte (in inhaltlicher und sprachlicher Hinsicht). Anschließend werden die Rollen getauscht und die beiden Zuhörer spielen jetzt den Dialog vor, wobei die beiden anderen SuS zuhören.

Lösung
1 F, 2 D, 3 G, 4 E, 5 B, 6 A, 7 C, 8 H

Les profs – la meilleure place en classe

Lisez la BD et dessinez la dernière image avec des bulles (Sprechblasen).

Les Profs © Bamboo Edition, Erroc & Pica

le/la meilleur/e = der/die beste ; au fond de = hinten ; faire la sieste = dormir ; être dérangé,e = gestört werden ; la rangée centrale = Mittelreihe ; planqué,e = versteckt ; le facteur = Briefträger ; plaquer qn = mit jdm Schluss machen ; le radiateur = Heizung ; détraqué,e = en panne ; c'est pas évident (fam) = c'est difficile ; s'asseoir = sich hinsetzen

ISBN 978-3-12-927918-2

La fin

Les Profs ©Bamboo Edition, Erroc & Pica

ISBN 978-3-12-927918-2

Les profs – l'accident

1. Mettez les images dans le bon ordre.

A ....

À MON AVIS, SES LUNETTES SONT PEUT-ÊTRE UN PEU TROP SOMBRES !
TU NE VEUX PAS QU'ON T'ACCOMPAGNE JUSQU'À TA CLASSE ?
PAS DE PROBLÈME JE CONNAIS LE CHEMIN PAR CŒUR !

B ....

Café
EN PANNE
BONG!
HEU... NON C'EST PAR LÀ !

C ....

VOILÀ J'Y SUIS...

D ....

ÇA VA ?
OUI OUI Y'A PAS DE MAL...

E ....

ALLEZ, HOP, UN PETIT CAFÉ ET AU BOULOT !

F ....

BONG!
?

G ....

TU PORTES DES LUNETTES NOIRES MAINTENANT ?
OUI : COMME JE TRAVAILLE PAS MAL SUR ORDINATEUR, L'OPHTALMO ME L'A CONSEILLÉ POUR REPOSER MES YEUX !

H ....

BONJOUR ! SORTEZ VOTRE MATÉRIEL EN SILENCE ! NOUS ALLONS ÉTUDIER AUJOURD'HUI...

au boulot (fam) = au travail ; conseiller = raten ; l'ophtalmo = Augenarzt ; par là = da entlang ; reposer = ausruhen ; sombre = dunkel

2. *Imaginez : Le soir, l'élève Boulard raconte à son frère / sa sœur ce qui s'est passé. Son frère / sa sœur lui dit comment il / elle trouve ça et ce qu'il / elle a fait aujourd'hui. Travaillez à deux et jouez la conversation.*

ISBN 978-3-12-927918-2

1.3 Titeuf – je suis maudit

A2 / 7. Kl   A2+ / 8. Kl   B1 / 9. Kl

Lernziele

- französische Texte verstehen und sinnvoll den Bildern zuordnen
- sich in die Rolle einer Figur versetzen und ein Ereignis mündlich nacherzählen

Material

KV 1.3a + b

Originalbild auf der DVD-ROM

Verlauf

Aufgabe 1 können die SuS in Einzel- oder Partnerarbeit erledigen; sie müssen dabei nicht den ganzen Text der Sprechblasen abschreiben, sondern jeweils nur den entsprechenden Buchstaben in die Sprechblasen setzen (damit sie ggf. leichter korrigieren können). Danach erfolgt die Verbesserung im Plenum. Bei Aufgabe 2 sollen die SuS das Geschehen aus einer anderen Sicht nacherzählen. Als Vorgehensweise für die Dialoge bietet sich das Spielen in Vierergruppen (siehe Erläuterung bei 1.2) an.

Lösung

Sprechblasen in chronologischer Reihenfolge:
B – E – A – F – K – G – I – C – D – H – J

1.4 Titeuf – le photomaton

A2 / 7. Kl   A2+ / 8. Kl   B1 / 9. Kl

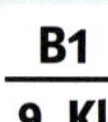
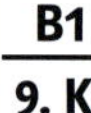
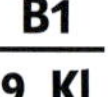

Lernziele

- sich in Figuren hineinversetzen
- passende Sprech- und Gedankenblasen zu Zeichnungen erfinden

Material

KV 1.4

Originalbild auf der DVD-ROM

Verlauf

Die SuS ergänzen in Einzelarbeit oder unter Beratung mit ihrem Banknachbarn mögliche Sprechblasen. Anschließend gehen die SuS im Zimmer umher und lesen die Lösungen ihrer Klassenkameraden.

(Im Original sind übrigens bei dieser *planche* keine Sprechblasen vorhanden, sodass es keine „Musterlösung" gibt.)

Titeuf – je suis maudit

Je suis maudit

J'EN AI MARRE DES GROUPES DE DEUX... JE TOMBE TOUJOURS AVEC LES PIRES...

POUF POUF POUF POUF

J'AI ÉCHAPPÉ À RIEN : JEAN-CLAUDE POUR LE THÉÂTRE...

RAMON POUR L'INTERRO DE POÉSIE...

LE RENARD, PAR L'ODEUR ALLÉCHÉ, LUI TINT À PEU PRÈS CE LANGAGE ...

BOÑOUR MASSIEUR LA CORBEAU ! QUÉ VOUS MA SEMBLEZ JOULI, VOU MA SEMBLA BEAU ...

HUGO POUR LE JUDO...

CROUIC

PUDUK À LA GYM...

MORVAX À LA PISCINE...

C'EST FINI ! J'EN AI MARRE, MARRE, MÉGAMARRE...

BON.

Y'A PLUS DE DOUTE... JE SUIS MAUDIT !

Z.

Titeuf Tome 11 par Zep © Editions Glénat 2006

ISBN 978-3-12-927918-2

Titeuf – je suis maudit

1. *Écrivez les lettres des bulles (Sprechblasen) à la bonne place.*

A
… Et en lui tenant fermement le bras, vous faites basculer votre camarade sur votre dos…

B
Aaah… L'équipe Titeuf – Régis a pris un peu de retard…

C
Attends au moins qu'on ait fait les groupes… Tu vas te retrouver tout seul.

D
Ça fait rien, ça fait rien.

E
En AvvFant, Fevaliers ! Fuivez la PiFte !

F
Ensuite nous entraînerons les mouvements du pied.

G
Je dois aller aux toilettes !

H
Je dois y aller, ça presse !

I
Nous allons former des groupes de deux…

J
Pour les pas de valse, regardez bien comment je fais avec votre camarade…

K
Snuf ! J'ai dû prendre froid…

le vocabulaire des dessins :
je suis maudit = ich bin verflucht ; j'en ai marre (fam) = ich habe die Nase voll ; les pires = die Schlimmsten ; échapper à qc = etw entkommen ; l'interro (f) = Abfrage ; « le renard […] sembla beau » = le texte d'une fable (Fabel) très célèbre (berühmt) ; le doute = Zweifel

le vocabulaire des bulles (Sprechblasen) :
en lui tenant fermement = indem ihr ihn festhaltet ; le bras = Arm ; faire basculer qn = jdn aus dem Gleichgewicht bringen ; le dos = Rücken ;
au moins = zumindest ; se retrouver = sich wiederfinden ; seul,e = allein ;
les chevaliers = Ritter ; suivez la piste = folgt der Spur ;
nous entraînerons = wir werden trainieren ; les mouvements (mpl) = Bewegungen ; le pied = Fuß ;
y = dorthin ; ça presse = es eilt ;
le pas = Schritt ; la valse = Walzer ;
prendre froid = sich erkälten

2. *Après, pendant la récré, les camarades de Titeuf parlent de lui et racontent ce qui lui est arrivé. Mettez-vous à deux et jouez leur conversation.*

ISBN 978-3-12-927918-2

Titeuf – le photomaton

Complétez cette planche de BD avec au moins 5 bulles de paroles et/ou de pensées.
(Vervollständigt diese Comic-Seite mit mindestens 5 Sprech- und/oder Gedankenblasen.)

le photomaton de l'épouvante

photomaton COLOR
VOS PHOTOS EN 3 MINUTES

« J'ai une idée, on va jouer un tour à Zoé parce que ....
....
....
.... »

FLASH

FLASH

CRR CRR

Titeuf Tome 11 par Zep © Editions Glénat 2006

le photomaton de l'épouvante = der Passbildautomat des Grauens ; jouer un tour à qn = jdm einen Streich spielen ; le derrière = Hintern ; être choqué,e = schockiert sein; drôle / amusant,e / rigolo,te = lustig

ISBN 978-3-12-927918-2

1.5 Eigenes Comic zeichnen

A1	A2	A2+	B1
6. Kl	7. Kl	8. Kl	9. Kl

Lernziele
- Kreativität fördern

Verlauf
Die SuS zeichnen in einer oder mehreren Schulstunden eine eigene Comicseite und ergänzen sie mit passenden Sprechblasen. (Die L hilft bei sprachlichen Problemen.) Anschließend laufen die SuS im Klassenzimmer umher und sehen sich die Produkte ihrer Klassenkameraden an.

1.6 Eigene Fotostory erstellen

A1	A2	A2+	B1
6. Kl	7. Kl	8. Kl	9. Kl

Lernziele
- Kreativität fördern

Material
buntes Din A 3-Papier, dicke Filzstifte, Handykameras

Verlauf
Diese Aktivität macht erfahrungsgemäß den SuS meist viel Spaß, erfordert aber mehrere Unterrichtsstunden: Die SuS überlegen sich in Gruppen eine mögliche Fotostory (Themen: Liebesgeschichte, Schulerlebnis, Kriminalgeschichte, Tagesablauf einer Person, Anlehnung an Lehrbuchtexte usw.). In der nächsten Stunde bringen sie Requisiten mit und machen mit ihren Handykameras passende Fotos. In der darauffolgenden (oder übernächsten) Stunde bringen sie die Fotos ausgedruckt mit, kleben sie auf ein Plakat und ergänzen sie mit französischen Sprechblasen. Anschließend darf jeder die Plakate der anderen Gruppen begutachten.

2.1.1 « quel »-Eckenlaufen

A2
7. Kl

Lernziele

- das Fragepronomen „quel" (mit den 4 verschiedenen Formen) und das Genus von Nomen wiederholen

Material

4 Din A 4-Papiere mit je einer Form von „quel" (in großen Buchstaben) beschriftet: „Quel ?", „Quelle ?", „Quels ?", „Quelles ?"; Klebeband

Vorbereitung

Die L hängt die 4 „quel"-Zettel mit Klebeband in je eine Ecke des Klassenzimmers. Alle SuS stellen sich in die Mitte des Klassenzimmers.

Verlauf

Die L liest nacheinander je eine Frage mit „quel" vor. Die SuS gehen dann möglichst schnell in die Zimmerecke, auf der die richtige „quel"-Form aufgehängt ist. Bei nicht hörbarem Unterschied zwischen Singular und Plural sind natürlich zwei Ecken möglich. (Evtl. zeigt die L die Fragen zur Sicherung schriftlich auf Folie.) Anschließend geht jeder SuS schnell zu zweit mit einem anderen S, der neben ihm/ihr steht, zusammen und sie sagen sich gegenseitig ihre Antwort auf die Frage. Danach gehen alle SuS in die Zimmermitte zurück und hören eine neue Frage. Durch das Bewegen im Raum wird das Bewusstsein dafür, dass es 4 verschiedene „quel"-Formen gibt, gestärkt.

TIPP

Wie wirkt man dem Mitlaufeffekt entgegen?

→ Den gibt es, klar, aber das macht doch nichts. Oft ist es so, dass die SuS zumindest in 2 verschiedene Ecken laufen und man sich als „Mitläufer" trotzdem noch für eine der beiden Ecken entscheiden musste.
Selbst wenn man nur anderen hinterherläuft, hat sich durch das Bewegen im Raum doch die Erkenntnis im Gehirn verfestigt, dass es 4 verschiedene Formen gibt – und damit ist der Lerneffekt größer, als wenn man die 4 Formen nur auf dem Papier liest und ins Heft schreibt.

Mögliche Fragen

1. Quels animaux est-ce que tu aimes?
2. De quel instrument de musique est-ce que tu joues ?
3. Quel(s) chanteur(s) est-ce que tu aimes ?
4. Quelle(s) chanteuse(s) est-ce que tu aimes ?
5. Quel(s) film(s) est-ce que tu aimes ?
6. Quelle(s) matière(s) est-ce que tu aimes ?
7. Quel sport est-ce que tu fais ?
8. Quel livre est-ce que tu lis en ce moment ?
9. Quel(s) livre(s) est-ce que tu aimes ?
10. Quel(s) prof(s) est-ce que tu trouves sympa ?
11. Dans quel pays est-ce que tu vas passer tes vacances ?
usw.

2.1.2 Adjektiv-Quartett

A1	A2
6. Kl	7. Kl

Lernziele

- die Stellung und Angleichung von Adjektiven üben

Material

KV 2.1.2 (je ein Set pro 4 S; am besten die Sets auf verschiedenfarbiges Papier kopieren und laminieren)

Vorbereitung

Die L erklärt, wie das Spiel funktioniert, und zeigt an einigen Beispielen, welche 4 Quartettkarten zusammengehören (s.u.) Dann teilt sie die Klasse in Gruppen mit je 4 SuS auf, jede Gruppe erhält ein Set Quartettkarten und verteilt sie reihum an die Mitspieler, bis keine Karten mehr vorhanden sind.
(Falls eine Gruppe aus mehr als 4 Spielern besteht, weil die Anzahl der SuS nicht durch vier teilbar ist, und ein SuS weniger Karten als die übrigen Mitspieler bekommen hat, darf er das Spiel beginnen.)

Verlauf

Nun muss jeder Spieler versuchen, möglichst viele Quartette zu bekommen, d.h. vier Karten aus demselben Wortfeld bzw. Themengebiet, z.B. „un livre intéressant – une BD intéressante – des livres intéressants – des BD intéressantes". Die SuS fragen also reihum einen beliebigen Mitspieler nach einer für ihr Quartett fehlenden Karte: „Tu as un livre intéressant ?" Der Gefragte antwortet mit „Oui, j'ai un livre intéressant." oder „Non, je n'ai pas de livre intéressant." und gibt ggf. dem Fragenden die Karte. Hat ein SuS eine Karte bekommen, darf er eine weitere Frage stellen; bei der Antwort „non" ist der nächste Spieler an der Reihe. Gewonnen hat der SuS mit den meisten vollständigen Quartetten.
Damit jeder weiß, was das maskuline bzw. feminine Pendant zur eigenen Karte ist, sind oben rechts auf den Karten die beiden Wörter aufgedruckt. Da die jeweiligen Adjektivformen mündlich ausgesprochen werden und sich der lautliche Unterschied zwischen maskuliner und femininer Form bei den SuS einprägen soll, finden sich auf den Karten nur Adjektive mit hörbarem Unterschied (also nicht „joli" o.ä.).

Adjektiv-Quartett

ISBN 978-3-12-927918-2

un mauvais piano – une mauvaise guitare	un mauvais piano – une mauvaise guitare	un mauvais piano – une mauvaise guitare	un mauvais piano – une mauvaise guitare
un mauvais piano	**des mauvais piano*s***	**une mauvais*e* guitare**	**des mauvais*es* guitar*es***
un homme sportif – une femme sportive	un homme sportif – une femme sportive	un homme sportif – une femme sportive	un homme sportif – une femme sportive
un homme sportif	**des homme*s* sportif*s***	**une femme sporti*ve***	**des femm*es* sporti*ves***
un livre français – une BD française	un livre français – une BD française	un livre français – une BD française	un livre français – une BD française
un livre français	**des livre*s* françai*s***	**une BD français*e***	**des BD français*es***

ISBN 978-3-12-927918-2

un lit gris –
une table grise

un lit gris

un lit gris –
une table grise

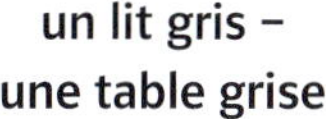

des lits gris

un lit gris –
une table grise

une table grise

un lit gris –
une table grise

des tables grises

un verre blanc –
une bouteille blanche

un verre blanc

un verre blanc –
une bouteille blanche

des verres blancs

un verre blanc –
une bouteille blanche

une bouteille blanche

un verre blanc –
une bouteille blanche

des bouteilles blanches

un t-shirt vert –
une chemise verte

un t-shirt vert

un t-shirt vert –
une chemise verte

des t-shirts verts

un t-shirt vert –
une chemise verte

une chemise verte

un t-shirt vert –
une chemise verte

des chemises vertes

un pantalon long –
une robe longue

un pantalon long

un pantalon long –
une robe longue

des pantalons longs

un pantalon long –
une robe longue

une robe longue

un pantalon long –
une robe longue

des robes longues

ISBN 978-3-12-927918-2

2.1.3 Trouve qn qui...

A1	A2	A2+
6. Kl	7. Kl	8. Kl

Lernziele

- Variante a (ab 1. Lernjahr / 6. Klasse): Präpositionen (und Artikel) wiederholen
- Variante b (ab 2. Lernjahr / 7. Klasse): passé composé (von unregelmäßigen Verben) wiederholen

Material

KV 2.1.3a (ab 1. Lernjahr / 6. Klasse) oder
KV 2.1.3b (ab 2. Lernjahr / 7. Klasse)

Verlauf

Die SuS erhalten zunächst eines der Arbeitsblätter (VK 2.1.3a oder b) und füllen in Stillarbeit die Lücken. Dann wird im Plenum verbessert. Anschließend gehen die SuS im Raum umher und stellen ihren Mitschülern je eine Frage des Blattes. Wer die Frage mit „oui" beantworten kann, darf dahinter unterschreiben. Jeder Schülername darf nur einmal auf dem Blatt stehen. Wer zuerst Unterschriften für alle Fragen gesammelt hat, darf sich hinsetzen und hat gewonnen.

Lösung

a) 1. joue au foot ; 2. joue de la flûte ; 3. fait de la danse ; 4. fait du ski ; 5. aime les jeux vidéo ; 6. aime les livres ; 7. déteste les maths ; 8. va à l'école en bus ; 9. va au collège à vélo ; 10. regarde la télé le soir ; 11. a son anniversaire au printemps ; 12. a son anniversaire en été

b) 1. a regardé ; 2. a été ; 3. a bu ; 4. a écrit ; 5. a lu ; 6. a joué ; 7. a fait ; 8. a dormi ; 9. a eu ; 10. a pris ; 11. a mis ; 12. a voulu

Trouve qn qui...

1. Qui joue .... foot ? ....
2. Qui joue .... flûte ? ....
3. Qui fait .... danse ? ....
4. Qui fait .... ski ? ....
5. Qui aime .... jeux vidéo ? ....
6. Qui aime .... livres ? ....
7. Qui déteste .... maths ? ....
8. Qui va .... école .... bus ? ....
9. Qui va .... collège .... vélo ? ....
10. Qui regarde la télé .... soir ? ....
11. Qui a son anniversaire .... printemps ? ....
12. Qui a son anniversaire .... été ? ....

ISBN 978-3-12-927918-2

Trouve qn qui...

Pendant la semaine dernière,

1. qui .... (regarder) un match de foot à la télé ? ....
2. qui .... (être) (un peu) malade ? ....
3. qui .... (boire) du coca ? ....
4. qui .... (écrire) plus de 20 messages sur whatsapp ? ....
5. qui .... (lire) quelques pages dans un livre ? ....
6. qui .... (jouer) d'un instrument de musique ? ....
7. qui .... (faire) un jeu avec ses copains/copines ? ....
8. qui .... (dormir) jusqu'à 9 heures (ou plus) le matin ? ....
9. qui .... (avoir) une bonne note ? ....
10. qui .... (prendre) le vélo pour aller à l'école ? ....
11. qui .... (mettre) la table au moins (mindestens) trois fois ? ....
12. qui .... (vouloir) être en vacances ? ....

ISBN 978-3-12-927918-2

2.1.4 Zahlen-Abklatschen

A1	A2	A2+
6. Kl	7. Kl	8. Kl

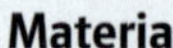

Lernziele

- französische Zahlen üben

Material

Tafel, mehrere Kreiden

Vorbereitung

Dieses Bewegungsspiel ist besonders gut mit weniger SuS (z. B. in einer Intensivierungsstunde mit der halben Klasse) durchzuführen.
Die Tische und Bänke werden zur Seite geschoben. Dann schreibt jeder SuS zwei mehrstellige Zahlen an die Tafel, sodass die ganze Tafelfläche mit Zahlen bedeckt ist. Anschließend wird die Klasse in zwei Gruppen aufgeteilt, z. B. gehört jeder S, der links an einer Bank sitzt, zu Gruppe 1 und jeder S, der rechts sitzt, zu Gruppe 2. Die SuS der Gruppe 1 stellen sich seitlich zur Tafel (mit etwas Abstand zur Tafel) in einer Reihe auf, Gruppe 2 stellt sich gegenüber hin – die L gibt also die Anweisung, dass alle links sitzenden SuS aufstehen und sich aufstellen sollen, dann dass die übrigen SuS sich gegenüber von ihrem Banknachbarn hinstellen. Ist die Zahl der SuS ungerade, kommt der übrige SuS nach vorne zur Tafel. Alle Gruppenmitglieder erhalten nun einen Zahlennamen, d.h. die beiden ersten S, die in der Nähe der Tafel einander gegenüberstehen, heißen „un“, die beiden nächsten „deux“ usw.

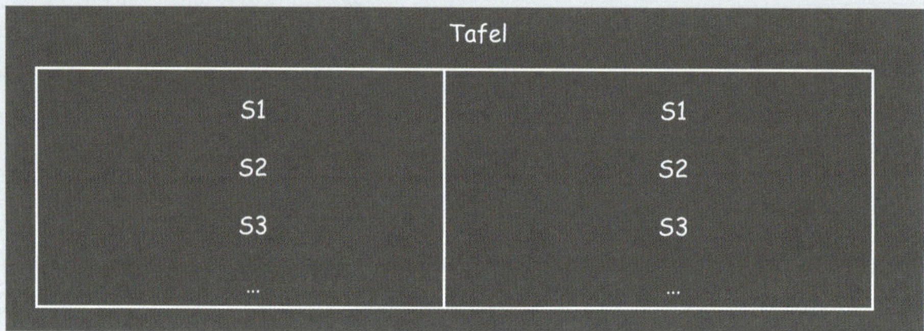

Verlauf

Nun liest die L (oder der übrige SuS bei einer ungeraden Schüleranzahl) eine der an der Tafel notierten Zahlen vor, lässt eine kurze Pause und nennt anschließend die Zahlennummer eines Schülerpaares (z.B. „13899“ – „trois“). Diese beiden SuS (z.B. hier: SuS mit Namen „trois“) müssen nun möglichst schnell zur Tafel rennen und mit ihrer Hand die richtige Zahl auf der Tafel abklatschen. Die Gruppe, deren Spieler schneller war, bekommt einen Punkt, der auf der linken bzw. rechten Seite der Tafel notiert wird. Der S, der langsamer war, muss nun die nächste Zahl vorlesen (und sich bei ungerader S-Zahl vorne hinstellen) usw.
Am Ende gewinnt die Gruppe mit den meisten Punkten.
(Dieses Spiel übernimmt die Grundidee der Aktivität „Fliegenklatsche“ (Handke, Ulrike: Mehr Erfolg im Unterricht. Ausgewählte Methoden, die Schüler motivieren. Berlin 2008, S. 148-150) und wurde von mir für den Französischunterricht angepasst und weiterentwickelt.)

TIPP

Dass jeder S einen eigenen Zahlen-Namen hat und nicht einfach nur die ersten SuS, die in der Reihe stehen, losrennen, macht gerade den Witz des Spiels aus! Sonst würden nämlich die anderen SuS, die gerade nicht vorne stehen, nicht aufpassen. Aber so hören alle konzentriert bei der vorgelesenen Zahl zu und suchen sie in Gedanken an der Tafel, weil sie nicht wissen, ob sie vielleicht losrennen müssen.
Es ist wichtig, nicht zuerst das Schülerpaar zu sagen, weil sonst ja nur noch die beiden aufgerufenen SuS aufpassen, welche Tafel-Zahl genannt wird, und die anderen SuS abschalten oder Blödsinn machen könnten. Ziel des Unterrichts sollte es ja sein, möglichst alle SuS zu aktivieren – und das wird nur dadurch erreicht, dass alle gezwungen sind aufzupassen und die Zahlen in Gedanken mitzulesen.

2.1.5 Qui suis-je ?

Lernziele

- Fragen üben

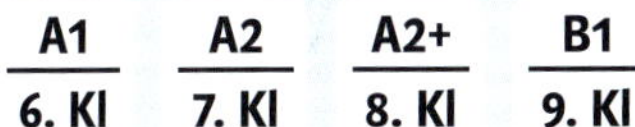

Material

unbeschriebenes Papier im Kartenformat (jeder SuS kann sich selbst eine Karte aus einem Stück Blockpapier herstellen)

Vorbereitung

Die Klasse wird in Gruppen zu je etwa 4 SuS aufgeteilt. Anschließend schreibt jeder SuS verdeckt auf einen Zettel den Namen eines Prominenten (oder einer anderen Person, die jeder SuS der Gruppe kennt, z. B. einen Lehrernamen). Die Zettel werden umgedreht und verdeckt im Uhrzeigersinn weitergegeben.

Verlauf

Jeder SuS nimmt den neuen Zettel des Nachbarn und hält ihn sich, ohne ihn vorher zu lesen, an die Stirn. Er muss nun erraten, welche Person auf dem Zettel steht. Dazu stellt er Fragen, die die Mitspieler nur mit „oui" oder „non" beantworten dürfen. Bei einem „oui" als Antwort darf er eine weitere Frage stellen, bei einem „non" ist der nächste Spieler im Uhrzeigersinn an der Reihe. Gewonnen hat, wer zuerst seine Person erraten hat. Dann erhält der Gewinner von seinem Nachbarn einen neuen Zettel mit einem neuen Namen, damit er weiterspielen kann und nicht untätig dasitzt.

2.1.6 Prominenten-Vergleiche

A2 / 7. Kl — A2+ / 8. Kl — B1 / 9. Kl

Lernziele

- Vergleiche / Komparativ üben

Material

kleine Zettel (die SuS können sie selbst aus Blockblättern herstellen); Schreibpapier und Stifte

Vorbereitung

Die Klasse wird in Gruppen mit je ca. 4 SuS aufgeteilt. Jeder S erhält 2-3 Zettel und schreibt auf jeden den Namen eines Prominenten. Anschließend werden alle Zettel verdeckt in die Mitte gelegt und gemischt.

Verlauf

Der erste S zieht 2 Zettel und liest die Namen vor. Jeder muss nun verdeckt einen beliebigen Vergleichssatz über diese beiden gezogenen Persönlichkeiten aufschreiben (z.B. *„Michael Jackson chante mieux que Brad Pitt."* oder *„Michael Jackson est moins joli que Brad Pitt."*). Nun werden die Sätze reihum vorgelesen. Jeder S bekommt einen Punkt, wenn sein Satz korrekt gebildet ist, und einen weiteren Punkt, wenn kein anderer S denselben Vergleichssatz aufgeschrieben hat – was einen Anreiz darstellen soll, komplexere Sätze zu bilden oder ungewöhnlichere Adjektive zu verwenden. Falsche Sätze werden von leistungsstärkeren SuS oder der (umherlaufenden) L korrigiert.

2.1.7 Jouer au chef

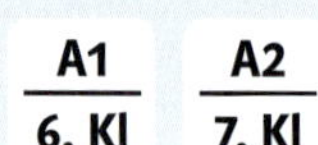

Lernziele

- die Konjugation von (unregelmäßigen) Verben üben

Vorbereitung

An der Tafel oder auf dem Overheadprojektor sind die Konjugationsschemata einiger Verben zu lesen. Die Klasse spricht im Chor nacheinander diese Verben und macht dazu passende Handbewegungen (z.B. *boire* : so tun, als ob man ein Glas zum Mund führt; écrire *:* Schreibbewegung; ouvrir : so tun, als ob man eine Flasche öffnet usw.) (Die Aktivität kann auch zu Beginn des 1. Lernjahres zum Einüben der Verben auf -er genutzt werden: *regarder, ramasser, coller, chercher usw.)*
Dann stellen sich alle SuS im Kreis auf. Ein SuS verlässt den Raum und wartet draußen vor der Tür.

Verlauf

Ein SuS im Kreis wird als „Chef" bestimmt. Er macht eine der Verb-Handbewegungen vor. Die übrigen SuS machen diese Handbewegung nach. Dann kommt der SuS von draußen herein. Alle SuS sprechen nun im Chor das entsprechende Verb-Paradigma und machen dazu die ganze Zeit die Handbewegungen. Danach machen sie in Stille die Handbewegungen weiter und sehen möglichst unauffällig zu dem „Chef"-SuS hin. Dieser beginnt irgendwann mit einer neuen Handbewegung, die alle übrigen SuS nachmachen. Dann sprechen alle im Chor das neue Verb-Paradigma. Danach muss der hereingekommene SuS raten, wer der „Chef" ist und zuerst mit der Handbewegung begonnen hat. Hat er richtig geraten, darf ein anderer SuS nach draußen gehen und ein neuer „Chef" wird bestimmt. Hat er den „Chef" nicht erkannt, geht das Spiel weiter, d.h. der „Chef" macht irgendwann eine neue Handbewegung, die die übrigen SuS nachmachen usw.

Aufgrund des wiederholten Chorsprechens wiederholen alle SuS die Verbformen, d.h. dieses Spiel verbindet Ratespaß mit Grammatikwiederholung und -festigung.

2.1.8 « tout »-Obstsalat

Lernziele

- die Formen von *tout* und das Genus der Nomen üben

A2
7. Kl

Verlauf

Die SuS sitzen im Kreis und bekommen abwechselnd eine Form von *„tout"* als Name zugewiesen (der erste S heißt *„tout"*, der zweite *„toute"*, der dritte *„tous"*, der vierte *„toutes"*, der fünfte wieder *„tout"* usw.).
Anschließend stellt sich ein S in die Mitte und stellt seinen Stuhl an den Rand. Dieser S nennt nun laut eine beliebige Form von *„tout"* und ein dazugehöriges Substantiv mit Artikel (z.B. *„toutes les maisons"*); daraufhin müssen alle Spieler namens *„toutes"* die Plätze tauschen und der S der Mitte versucht, einen freien Platz zu bekommen.
Wer übrig bleibt, stellt sich in die Kreismitte und nennt ein neues *„tout"*-Syntagma.

2.1.9 Jeu des hôtels

A1	A2	A2+	B1
6. Kl	7. Kl	8. Kl	9. Kl

Lernziele

- Grammatikgrundwissen wiederholen (z.B. Verbformen, passé composé vs. imparfait, Steigerung, Inversionsfrage)

Material

KV 2.1.9a + b + c (je einmal pro Gruppe)

Spielfiguren, Würfel, Papier, Stifte

Vorbereitung

Die Klasse wird in 4er-Gruppen aufgeteilt. Jede Gruppe erhält ein Spielfeld (KV 2.1.9a), eine Spielanleitung (auf Deutsch, damit sie jeder SuS sofort versteht, KV 2.1.9b), Spielfiguren, einen Würfel und die Aufgabenblätter (Beispiel ab Ende 2. Lernjahr / Anfang 3. Lernjahr: KV 2.1.9c). Alternativ erfindet jeder SuS in der Vorbereitungsphase 10 möglichst schwierige Aufgaben zum Grammatikgrundwissen oder der aktuellen Lektion, die er verdeckt auf einem Blatt notiert. Das sind dann die Aufgaben, die er anstelle KV 2.1.9c den anderen Spielern stellen wird. Jedes Gruppenmitglied stellt eine Spielfigur auf das *„Départ"*-Feld, legt Papier und Stift bereit und zieht eine Aufgabenkarte (für Hôtelier A, B, C oder D).

Verlauf

Die Gruppen spielen nun gemäß der Spielanleitung: Jeder SuS hat ein Startkapital von 300 €, das er auf dem Zettel notiert, und läuft nun nach gewürfelter Augenzahl von *„Départ"* los. Erreicht er das Feld eines *„Hôtelier"*-Mitspielers, bekommt er von ihm eine Aufgabe gestellt. Hat er sie richtig gelöst, darf er gratis im Hotel bleiben, sonst muss er an den *„Hôtelier"* die auf dem Feld stehende Summe zahlen (die SuS addieren bzw. subtrahieren dies also von dem Geldbetrag auf ihrem Zettel) und die Aufgabe wird im Uhrzeigersinn weitergegeben. Beantwortet sie der nächste Spieler richtig, bekommt er von der Bank 10 € gutgeschrieben.
Sieger ist, wer am Ende das meiste Geld besitzt.
Damit alle SuS die Grammatikfragen üben und gleichzeitig aktiviert werden, schreibt jeder SuS die Lösung auf; dann kann bei einer falschen Antwort leicht die Aufgabe an den nächsten Spieler weitergegeben werden.

Jeu des hôtels

Départ

HÔtel A 15 €

HÔtel A 30 €

HÔtel B 45 €

HÔtel B 30 €

HÔtel C 30 €

HÔtel B 15 €

Tu as perdu 45 €

HÔtel C 15 €

HÔtel C 45 €

Tu as gagné 90 €

HÔtel D 15 €

Va au 1er hôtel B et passe par Départ.

HÔtel D 30 €

HÔtel D 45 €

HÔtel A 45 €

HOTEL DE TOURISME H 2005 ★★ MINISTÈRE chargé du TOURISME

ISBN 978-3-12-927918-2

Jeu des hôtels – Spielanleitung

Vorbereitung

- Jeder Mitspieler nimmt ein Blatt Papier. Auf den Rand schreibt ihr untereinander jeweils euren aktuellen Kontostand. Auf dem restlichen Papier notiert ihr die Antwort auf die jeweilige Frage.
- Jeder notiert auf dem Rand sein Startkapital: 300 €.
- Jeder Mitspieler bekommt einen Aufgabenzettel und ist damit Besitzer des Hotels A, B, C oder D.
- Jeder stellt seine Spielfigur auf das Feld „Départ".

Durchführung

- Spieler A beginnt zu würfeln und rückt in Pfeilrichtung vor. Kommt er auf das Feld eines anderen Spielers, z.B. von Hotelbesitzer B, stellt B die 1. Aufgabe seines Aufgabenzettels. Jeder notiert verdeckt die Lösung auf dem Papier. Dann wird Spieler A nach der Lösung gefragt.
- Aufgabe richtig beantwortet: Spieler A darf gratis im Hotel bleiben.
- Aufgabe falsch beantwortet: Spieler A muss an den Hotelbesitzer (Spieler B) die Summe bezahlen, die auf dem Spielfeld steht (er aktualisiert also den Kontostand am Papierrand, d.h. zieht den Betrag von seinem Kontostand ab);
  die Aufgabe wird im Uhrzeigersinn weitergegeben: Beantwortet sie der nächste Spieler richtig, bekommt er 10 € (von der Bank) gutgeschrieben; macht er auch einen Fehler, geht die Aufgabe an den übernächsten Spieler weiter.
- Kommt ein Spieler auf ein leeres Feld oder auf ein Feld mit einem Hotel, das ihm selbst gehört, muss er nichts weiter tun und der nächste Spieler ist dran.
- Jedes Mal, wenn ein Spieler beim Feld „Départ" vorbeikommt, bekommt er 15 € auf seinem Konto gutgeschrieben.
- Sieger: wer am Schluss das meiste Geld hat

ISBN 978-3-12-927918-2

Jeu des hôtels – Spielanleitung

Vorbereitung

- Jeder Mitspieler nimmt ein Blatt Papier. Auf den Rand schreibt ihr untereinander jeweils euren aktuellen Kontostand. Auf dem restlichen Papier notiert ihr die Antwort auf die jeweilige Frage.
- Jeder notiert auf dem Rand sein Startkapital: 300 €.
- Jeder Mitspieler bekommt einen Aufgabenzettel und ist damit Besitzer des Hotels A, B, C oder D.
- Jeder stellt seine Spielfigur auf das Feld „Départ".

Durchführung

- Spieler A beginnt zu würfeln und rückt in Pfeilrichtung vor. Kommt er auf das Feld eines anderen Spielers, z.B. von Hotelbesitzer B, stellt B die 1. Aufgabe seines Aufgabenzettels. Jeder notiert verdeckt die Lösung auf dem Papier. Dann wird Spieler A nach der Lösung gefragt.
- Aufgabe richtig beantwortet: Spieler A darf gratis im Hotel bleiben.
- Aufgabe falsch beantwortet: Spieler A muss an den Hotelbesitzer (Spieler B) die Summe bezahlen, die auf dem Spielfeld steht (er aktualisiert also den Kontostand am Papierrand, d.h. zieht den Betrag von seinem Kontostand ab);
  die Aufgabe wird im Uhrzeigersinn weitergegeben: Beantwortet sie der nächste Spieler richtig, bekommt er 10 € (von der Bank) gutgeschrieben; macht er auch einen Fehler, geht die Aufgabe an den übernächsten Spieler weiter.
- Kommt ein Spieler auf ein leeres Feld oder auf ein Feld mit einem Hotel, das ihm selbst gehört, muss er nichts weiter tun und der nächste Spieler ist dran.
- Jedes Mal, wenn ein Spieler beim Feld „Départ" vorbeikommt, bekommt er 15 € auf seinem Konto gutgeschrieben.
- Sieger: wer am Schluss das meiste Geld hat

© Ernst Klett Sprachen GmbH, Stuttgart 2015 | www.klett-sprachen.de | Alle Rechte vorbehalten
Von dieser Druckvorlage ist die Vervielfältigung für den eigenen Unterricht gestattet.
ISBN 978-3-12-927918-2
KV 2.1.9b

Jeu des hôtels – Aufgaben

Hôtelier A

Questions :	Solutions :
1. passé composé ou imparfait ? Hier, Emma .... (rester) dans sa chambre parce qu'elle .... (ne rien avoir) à faire.	Hier, Emma est restée dans sa chambre parce qu'elle n'avait rien à faire.
2. pouvoir : je (présent – passé composé – imparfait)	je peux, j'ai pu, je pouvais
3. Adele est .... (++ bon) chanteuse, Rihanna est .... (- bon) ....elle.	Adele est la meilleure chanteuse, Rihanna est moins bonne qu'elle.
4. savoir : tu (présent – passé composé – imparfait)	tu sais, tu as su, tu savais
5. Fais une question avec inversion (sans est-ce que) : Est-ce qu'on écrit moins de lettres que de mails aujourd'hui ?	Écrit-on moins de lettres que de mails aujourd'hui ?
6. passé composé ou imparfait ? Quand ils .... (arriver) à la piscine, il .... (commencer) à pleuvoir.	Quand ils sont arrivés à la piscine, il a commencé à pleuvoir.
7. venir : il (présent – passé composé – imparfait)	il vient, il est venu, il venait
8. Remplace les mots soulignés par un pronom : Elle ne veut plus parler à sa tante.	Elle ne veut plus lui parler.
9. Conjugue le verbe „prendre" à l'imparfait.	je prenais, tu prenais, il prenait, nous prenions, vous preniez, ils prenaient
10. boire : ils (présent – passé composé – imparfait)	ils boivent, ils ont bu, ils buvaient

ISBN 978-3-12-927918-2

Jeu des hôtels – Aufgaben

Hôtelier B

Questions :	Solutions :
1. prendre : je (présent – passé composé – imparfait)	je prends, j'ai pris, je prenais
2. passé composé ou imparfait ? Hier, Fabien .... (regarder) la télé, mais le film .... (ne pas être) intéressant.	Hier, Fabien a regardé la télé, mais le film n'était pas intéressant.
3. Fais une question avec inversion (sans est-ce que) : Est-ce qu'il préfère recevoir des lettres ou des mails ?	Préfère-t-il recevoir des lettres ou des mails ?
4. vouloir : il (présent – passé composé – imparfait)	il veut, il a voulu, il voulait
5. Elle est .... (+ joli) .... Heidi Klum et .... (- intelligent) .... Albert Einstein.	Elle est plus jolie qu'Heidi Klum et moins intelligente qu'Albert Einstein.
6. Conjugue le verbe „dire" à l'imparfait.	je disais, tu disais, il disait, nous disions, vous disiez, ils disaient
7. passé composé ou imparfait ? Quand j'..........................(être) petit, mon père .... (travailler) toute la journée.	Quand j'étais petit, mon père travaillait toute la journée.
8. faire : ils (présent – passé composé – imparfait)	ils font, ils ont fait, ils faisaient
9. Remplace les mots soulignés par un pronom : Je ne veux pas acheter ce pull.	Je ne veux pas l'acheter.
10. recevoir : il (présent – passé composé – imparfait)	il reçoit, il a reçu, il recevait

ISBN 978-3-12-927918-2

Jeu des hôtels – Aufgaben

Hôtelier C

Questions :	Solutions :
1. passé composé ou imparfait ? Tout à coup, le téléphone .... (sonner), c'.............................. (être) mon copain à l'appareil.	Tout à coup, le téléphone a sonné, c'était mon copain à l'appareil.
2. Le concert de Zaz est .... (++ grand) événement de l'année.	Le concert de Zaz est le plus grand événement / l'événement le plus grand de l'année.
3. conduire : je (présent – passé composé – imparfait)	je conduis, j'ai conduit, je conduisais
4. Fais une question avec inversion (sans est-ce que) : Quand est-ce qu'il a écrit son roman ?	Quand a-t-il écrit son roman ?
5. Conjugue le verbe „se promener" à l'imparfait.	je me promenais, tu te promenais, il se promenait, nous nous promenions, vous vous promeniez, ils se promenaient
6. croire : il (présent – passé composé – imparfait)	il croit, il a cru, il croyait
7. passé composé ou imparfait ? Hier, je .... (aller) au cinéma parce qu'il .... (pleuvoir) tout le temps.	Hier, je suis allé(e) au cinéma parce qu'il pleuvait tout le temps.
8. Remplace les mots soulignés par un pronom : J'ai pris ce bonbon.	Je l'ai pris.
9. Conjugue le verbe „applaudir" à l'imparfait.	j'applaudissais, tu applaudissais, il applaudissait, nous applaudissions, vous applaudissiez, ils applaudissaient
10. écrire : ils (présent – passé composé – imparfait)	ils écrivent, ils ont écrit, ils écrivaient

ISBN 978-3-12-927918-2

Jeu des hôtels – Aufgaben 

Hôtelier D

Questions :	Solutions :
1. lire : nous (présent – passé composé – imparfait)	nous lisons, nous avons lu, nous lisions
2. passé composé ou imparfait ? Il .... (faire) très beau quand nous .... (aller) à la piscine.	Il faisait très beau quand nous sommes allé(e)s à la piscine.
3. On trouve les tickets de concert .... (- - cher) sur Internet.	On trouve les tickets de concert les moins chers sur Internet.
4. mettre : tu (présent – passé composé – imparfait)	tu mets, tu as mis, tu mettais
5. Fais une question avec inversion (sans est-ce que) : Est-ce que vous pensez que le français est une belle langue ?	Pensez-vous que le français est une belle langue ?
6. passé composé ou imparfait ? Je .... (prendre) le bus numéro 13, mais il y .... (avoir) trop de gens autour de moi.	J'ai pris le bus numéro 13, mais il y avait trop de gens autour de moi.
7. voir : je (présent – passé composé – imparfait)	je vois, j'ai vu, je voyais
8. Remplace les mots soulignés par un pronom : Je ne vais jamais oublier mon amie.	Je ne vais jamais l'oublier.
9. Conjugue le verbe „réfléchir" à l'imparfait.	je réfléchissais, tu réfléchissais, il réfléchissait, nous réfléchissions, vous réfléchissiez, ils réfléchissaient
10. vivre : ils (présent – passé composé – imparfait)	ils vivent, ils ont vécu, ils vivaient

© Ernst Klett Sprachen GmbH, Stuttgart 2015 | www.klett-sprachen.de | Alle Rechte vorbehalten
Von dieser Druckvorlage ist die Vervielfältigung für den eigenen Unterricht gestattet.
ISBN 978-3-12-927918-2

2.1.10 Eigenes Spiel erstellen

A1	A2	A2+	B1
6. Kl	7. Kl	8. Kl	9. Kl

Lernziele
- einen bestimmten Grammatikstoff oder Inhalt einer Lektion wiederholen
- Kreativität fördern: einen Spielplan entwerfen

Material
buntes Papier, Scheren, Filzstifte, Spielfiguren, Würfel

Verlauf
Diese Aktivität erfordert mehrere Unterrichtsstunden.
Die Klasse wird in Gruppen zu etwa je 4 SuS aufgeteilt. Jede Gruppe erhält den Auftrag, ein eigenes Spiel zu entwerfen. Im Plenum werden Kriterien für ein gutes Spiel gesammelt (gute Fragen, angemessener Schwierigkeitsgrad, schön gestaltetes Spielfeld, gut verständliche Anleitung usw.). Ggf. werden die Grammatikkapitel / Lektionen, zu denen Fragen erstellt werden sollen, auf die Gruppen aufgeteilt.
Dann erfolgt die Arbeits- und Bastelphase. Jede Gruppe malt einen Spielplan auf buntes Papier mit bestimmten Ereignisfeldern, bei denen eine (französische) Aufgabe zu lösen ist. Für jedes Spiel werden auch die Fragekarten mit Lösungen (auf der Rückseite) und eine Anleitung (der Einfachheit halber auf Deutsch) verfasst.
In der übernächsten Stunde, wenn alle Spiele fertig sind, darf jeder die Spiele der anderen Gruppen ausprobieren. Dazu sitzen alle in ihrer jeweiligen „Bastel"-Gruppe und geben ihr Spiel an die nächste Gruppe im Uhrzeigersinn weiter. Jetzt spielt jede Gruppe (z.B. 10 Minuten lang) das ihnen vorliegende Spiel, dann geben sie es wieder im Uhrzeigersinn weiter usw., bis sie alle Spiele ausprobiert haben und wieder das von ihnen erfundene Spiel bei ihnen angekommen ist.
Evtl. kann dann das gelungenste Spiel prämiert werden.

2.1.11 Les bateaux / Schiffeversenken

A1	A2	A2+	B1
6. Kl	7. Kl	8. Kl	9. Kl

Lernziele

- Verbformen wiederholen (oder anderes Grammatikgrundwissen)

Material

KV 2.1.11a, b, c und d (je nach Lernstand kopiert die L ggf. nur die obere Verbtabelle)

Verlauf

Die SuS spielen in 2er-Gruppen und bekommen je 2 Blätter ausgeteilt (KV 2.1.10a und KV 2.1.10b), der 1. SuS für Partenaire A und der 2. SuS für Partenaire B. Anschließend befolgt jeder SuS die genauen Arbeitsaufweisungen auf dem Blatt: Er zeichnet acht versunkene Schiffe auf und muss dann versuchen, die versunkenen Schiffe des Gegners zu finden. Dazu nennt er ein Feld, auf dem er ein Schiff vermutet (z.B. *„B trois“)*, erhält aber die Antwort, ob sich hier ein Schiff befindet, nur dann, wenn er vorher die jeweiligen gesuchten Verbformen richtig genannt hat, die der Gegner von ihm fordert. Gibt er eine falsche Antwort, muss er in der nächsten Runde bei einer neuer Aufgabe sein Glück versuchen, bevor er gesagt bekommt, ob sich an dieser Stelle ein Schiff befindet.
Je nach Lernstand und / oder Übungsziel kopiert die L eine oder beide Verbtabellen und erklärt den S, nach welchen Spalten sie fragen sollen (evtl. auch nur nach einer Spalte, wenn diese Zeit geübt werden soll). Erhalten die SuS beide Verbtabellen mit allen Zeiten, nehmen sie abwechselnd Verben aus der oberen oder unteren Tabelle als Aufgabe.
Im 1. Lernjahr müssen die SuS natürlich nur die *présent*-Form (und ggf. *passé composé)* nennen.

Alternative: Anstelle von Verbformen kann mit diesem Spiel natürlich auch anderes Grundwissen wiederholt werden. Die SuS sollen dazu in einer Vorbereitungsphase 15 möglichst schwere Aufgaben mit Lösungen notieren, die sie anschließend ihrem Gegner stellen (z.B. deutsche Sätze übersetzen, Satzteile unterstreichen und mit Pronomen ersetzen, Wortschatz der aktuellen Lektion oder des ganzen Schuljahres abfragen usw.)

TIPP

Es empfiehlt sich hier wie immer das Vormachen im Plenum: d.h. die L greift 2 SuS heraus, die lesen nacheinander ihre Anleitungsschritte laut vor und machen sie vor. Erst danach beginnen alle mit dem Spiel.

Les bateaux / Schiffeversenken – Partenaire A

Zeichne verdeckt in das kleine Spielfeld unten folgende Schiffe ins Meer (horizontal, vertikal oder diagonal; die Schiffe müssen durch mindestens 1 Feld voneinander getrennt sein):
XXXXX = Bateau 1
XXXX = Bateau 2
XXX = Bateau 3
XX (2 Mal) = Bateau 4 + 5
X (3 Mal) = Bateau 6 + 7 + 8
Knicke das kleine Feld nach hinten, sodass dein Gegner es nicht sehen kann.
Nun musst du versuchen, die Schiffe deines Gegners zu finden.
Du nennst ein Feld (z. B. B3 – „B trois"), daraufhin liest dein Gegner dir das erste Verb und das Personalpronomen vor, du sagst ihm die gesuchten Verbformen und er kontrolliert deine Antwort mit der richtigen Lösung.

- *richtige Antwort gegeben: er sagt dir, ob das Feld ein Treffer war oder nicht: „Bateau touché" oder „Bateau pas touché".*
  Wenn ein Schiff komplett gefunden wurde, sagt er „Bateau coulé" (= Schiff versenkt).
- *falsche Antwort gegeben: er sagt dir nicht, ob das Feld ein Treffer war oder nicht. Du musst erst in der nächsten Runde die nächste Aufgabe richtig beantworten.*

Dann ist dein Gegner an der Reihe, nennt ein Feld und du stellst ihm die erste Aufgabe.
Markiere im großen Spielfeld die von dir erfragten Felder mit O, und zusätzlich, wenn es ein Treffer war, mit X.
Gewonnen hat der Spieler, der zuerst alle Schiffe des Gegners oder die meisten Schiffe gefunden hat.

	A	B	C	D	E	F	G	H
1								
2								
3								
4								
5								
6								
7								
8								

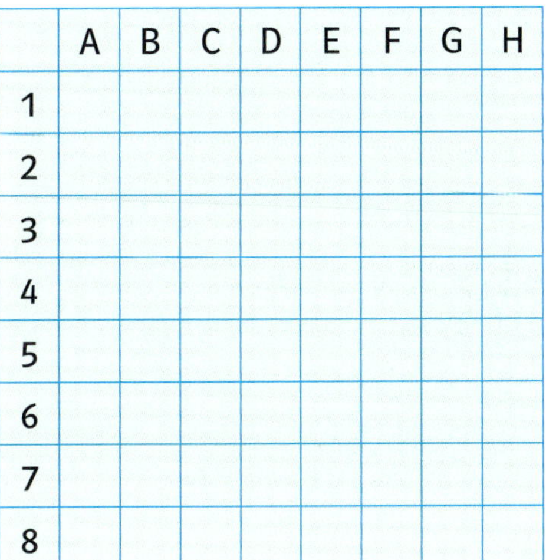

	A	B	C	D	E	F	G	H
1								
2								
3								
4								
5								
6								
7								
8								

ISBN 978-3-12-927918-2

Les bateaux / Schiffeversenken – Partenaire B

Zeichne verdeckt in das kleine Spielfeld unten folgende Schiffe ins Meer (horizontal, vertikal oder diagonal; die Schiffe müssen durch mindestens 1 Feld voneinander getrennt sein):
XXXXX = Bateau 1
XXXX = Bateau 2
XXX = Bateau 3
XX (2 Mal) = Bateau 4 + 5
X (3 Mal) = Bateau 6 + 7 + 8
Knicke das kleine Feld nach hinten, sodass dein Gegner es nicht sehen kann.
Nun musst du versuchen, die Schiffe deines Gegners zu finden.
Du nennst ein Feld (z. B. B3 – „B trois"), daraufhin liest dein Gegner dir das erste Verb und das Personalpronomen vor, du sagst ihm die gesuchten Verbformen und er kontrolliert deine Antwort mit der richtigen Lösung.

- *richtige Antwort gegeben: er sagt dir, ob das Feld ein Treffer war oder nicht: „Bateau touché" oder „Bateau pas touché".*
  Wenn ein Schiff komplett gefunden wurde, sagt er „Bateau coulé" (= Schiff versenkt).
- *falsche Antwort gegeben: er sagt dir nicht, ob das Feld ein Treffer war oder nicht. Du musst erst in der nächsten Runde die nächste Aufgabe richtig beantworten.*

Dann ist dein Gegner an der Reihe, nennt ein Feld und du stellst ihm die erste Aufgabe.
Markiere im großen Spielfeld die von dir erfragten Felder mit O, und zusätzlich, wenn es ein Treffer war, mit X.
Gewonnen hat der Spieler, der zuerst alle Schiffe des Gegners oder die meisten Schiffe gefunden hat.

	A	B	C	D	E	F	G	H
1								
2								
3								
4								
5								
6								
7								
8								

	A	B	C	D	E	F	G	H
1								
2								
3								
4								
5								
6								
7								
8								

ISBN 978-3-12-927918-2

Les bateaux / Schiffeversenken – Partenaire A

		présent	passé composé	imparfait
1.	aller : je	je vais	je suis allé,e	j'allais
2.	devoir : tu	tu dois	tu as dû	tu devais
3.	falloir : il	il faut	il a fallu	il fallait
4.	boire : nous	nous buvons	nous avons bu	nous buvions
5.	mettre : vous	vous mettez	vous avez mis	vous mettiez
6.	écrire : ils	ils écrivent	ils ont écrit	ils écrivaient
7.	courir : je	je cours	j'ai couru	je courais
8.	pouvoir : tu	tu peux	tu as pu	tu pouvais
9.	finir : il	il finit	il a fini	il finissait
10.	construire : nous	nous construisons	nous avons construit	nous construisions
11.	réussir : vous	vous réussissez	vous avez réussi	vous réussissiez
12.	venir : ils	ils viennent	ils sont venu(e)s	ils venaient
13.	recevoir : je	je reçois	j'ai reçu	je recevais
14.	voir : tu	tu vois	tu as vu	tu voyais
15.	plaire : il	il plaît	il a plu	il plaisait

		futur simple	conditionnel	subjonctif
1.	aller : je	j'irai	j'irais	que j'aille
2.	devoir : tu	tu devras	tu devrais	que tu doives
3.	falloir : il	il faudra	il faudrait	qu'il faille
4.	boire : nous	nous boirons	nous boirions	que nous buvions
5.	mettre : vous	vous mettrez	vous mettriez	que vous mettiez
6.	écrire : ils	ils écriront	ils écriraient	qu'ils écrivent
7.	courir : je	je courrai	je courrais	que je coure
8.	pouvoir : tu	tu pourras	tu pourrais	que tu puisses
9.	finir : il	il finira	il finirait	que tu finisses
10.	construire : nous	nous construirons	nous construirions	que nous construisions
11.	réussir : vous	vous réussirez	vous réussiriez	que vous réussissiez
12.	venir : ils	ils viendront	ils viendraient	qu'ils viennent
13.	recevoir : je	je recevrai	je recevrais	que je reçoive
14.	voir : tu	tu verras	tu verrais	que tu voies
15.	plaire : il	il plaira	il plairait	qu'il plaise

ISBN 978-3-12-927918-2

Les bateaux / Schiffeversenken – Partenaire B

		présent	passé composé	imparfait
1.	avoir : je	j'ai	j'ai eu	j'avais
2.	dire : tu	tu dis	tu as dit	tu disais
3.	pleuvoir : il	il pleut	il a plu	il pleuvait
4.	faire : nous	nous faisons	nous avons fait	nous faisions
5.	prendre : vous	vous prenez	vous avez pris	vous preniez
6.	être : ils	ils sont	ils ont été	ils étaient
7.	connaître : je	je connais	j'ai connu	je connaissais
8.	lire : tu	tu lis	tu as lu	tu lisais
9.	croire : il	il croit	il a cru	il croyait
10.	vouloir : nous	nous voulons	nous avons voulu	nous voulions
11.	conduire : vous	vous conduisez	vous avez conduit	vous conduisiez
12.	savoir : ils	ils savent	ils ont su	ils savaient
13.	vivre : je	je vis	j'ai vécu	je vivais
14.	ouvrir : tu	tu ouvres	tu as ouvert	tu ouvrais
15.	partir : il	il part	il est parti	il partait

		futur simple	conditionnel	subjonctif
1.	avoir : je	j'aurai	j'aurais	que j'aie
2.	dire : tu	tu diras	tu dirais	que tu dises
3.	pleuvoir : il	il pleuvra	il pleuvrait	qu'il pleuve
4.	faire : nous	nous ferons	nous ferions	que nous fassions
5.	prendre : vous	vous prendrez	vous prendriez	que vous preniez
6.	être : ils	ils seront	ils seraient	qu'ils soient
7.	connaître : je	je connaîtrai	je connaîtrais	que je connaisse
8.	lire : tu	tu liras	tu lirais	que tu lises
9.	croire : il	il croira	il croirait	qu'il croie
10.	vouloir : nous	nous voudrons	nous voudrions	que nous voulions
11.	conduire : vous	vous conduirez	vous conduiriez	que vous conduisiez
12.	savoir : ils	ils sauront	ils sauraient	qu'ils savent
13.	vivre : je	je vivrai	je vivrais	que je vive
14.	ouvrir : tu	tu ouvriras	tu ouvrirais	que tu ouvres
15.	partir : il	il partira	il partirait	qu'il parte

ISBN 978-3-12-927918-2

2.2.1 Tafel-Alphabet-Staffel

Lernziele
- Vokabeln (und ihre korrekte Schreibung) wiederholen

A1	A2
6. Kl	7. Kl

Material
Tafel, 2 Kreiden

Vorbereitung
Tische und Bänke werden zur Seite geräumt. Die Klasse wird in 2 Gruppen geteilt und jede Gruppe stellt sich in einiger Entfernung von der Tafel hintereinander auf. Die beiden ersten SuS jeder Gruppe erhalten eine Kreide.

Verlauf
Auf ein Signal hin rennen die beiden ersten SuS zur Tafel und schreiben auf ihre Seite ein französisches Wort, das mit „a" beginnt. Anschließend rennen sie zurück, übergeben dem nächsten SuS ihrer Gruppe die Kreide, dieser rennt nach vorne und schreibt ein französisches Wort mit „b" an usw. Wenn eine Gruppe bei „z" angekommen ist, ist das Spiel beendet. Der Einfachheit halber können die Buchstaben „k", „x" und „w" weggelassen werden.
Jetzt werden die Punkte gezählt: Für jedes richtig geschriebene Wort, das nur sie und nicht die andere Gruppe hat, erhält die Gruppe einen Punkt. Die Gruppe mit den meisten Punkten hat gewonnen.
Erschwert werden kann das Spiel, indem man als Vorgabe gibt, nur Wörter aus der letzten Lektion zu verwenden (dann dürfen natürlich auch Buchstaben im Alphabet ausgelassen werden.)

2.2.2 Rückenschreiben

Lernziele
- Vokabeln wiederholen

A1	A2
6. Kl	7. Kl

Verlauf
Die SuS gehen paarweise zusammen.
Ein S schreibt auf den Rücken (oder den Arm) des Nachbarn ein französisches Wort (z.B. aus der aktuellen / letzten Lektion).
Der Nachbar muss erraten, um welches Wort es sich handelt, und es laut aussprechen.
Dann werden die Rollen getauscht.

2.2.3 Boum !

A1	A2	A2+
6. Kl	7. Kl	8. Kl

Lernziele
- Vokabeln wiederholen

Material
die Plastikbombe aus dem Spiel „Tick tack bumm" (alternativ: ein Federmäppchen und eine Stoppuhr)

Verlauf
Alle SuS stehen im Kreis. Sie sagen ein zur Aufgabenstellung passendes Wort (s.u.) und geben dabei die Plastikbombe weiter.
Jedes Wort darf nur einmal genannt werden. Wenn ein S ein Wort sagt, das schon einmal genannt wurde, muss er die Plastikbombe solange in der Hand behalten, bis er ein passendes anderes Wort gesagt hat.
Diese Plastikbombe tickt leise und macht irgendwann (gemäß dem Zufallsprinzip) „bumm".
Wer dann gerade die Bombe in der Hand hat, muss drei Kniebeugen oder Liegestützen machen.
Dann drückt er wieder auf den Einschaltknopf der Bombe und gibt sie weiter.
Alternativ wird ein Federmäppchen weitergegeben und die L oder ein S stoppt eine Minute und sagt dann *„boum"*. (Dabei gibt es dann nur keinen Zufallsgenerator, der die Zeitdauer variiert.)

Mögliche Aufgabenstellungen für Wörter
(nach einigen Runden kann die L die Aufgabenstellung ändern):
1. Wörter der letzten / aktuellen Lektion
2. Wörter zu einem Wortfeld, z.B. *„à l'école"*, *„à la maison"*, *„des activités"* usw.
3. Prinzip „Schneeball": der 1. S sagt ein beliebiges Wort, der nächste S ein Wort, das mit dem Buchstaben beginnt, mit dem das letzte Wort aufgehört hat usw. (z.B. *(un) enfant – trouver – (la) radio – octobre* usw.)
4. Verbformen in allen Personen durchkonjugieren (wenn ein S bei *„ils"* angekommen ist, sagt der nächste S ein neues Verb und die Konjugation beginnt von vorn)
5. Verben und Zeiten: der 1. S sagt einen Infinitiv, der nächste eine Form (z.B. *„il"*) in der Zeit, die geübt werden soll (z.B. *passé composé, imparfait* usw.) und einen neuen Infinitiv, der nächste wieder zuerst die gesuchte Verbform und dann einen neuen Infinitiv usw.
6. Zahlen: jede zweite Zahl (*deux – quatre – six* usw.) oder jede dritte Zahl
7. zweistellige Zahlen und der nächste S muss eine Zahl sagen, die die Einerzahl an der Zehnerstelle hat (15 – 53 – 36 – 62 – 28 – 84 usw.)

2.3.1 Prédire des mots

A2	A2+	B1
7. Kl	8. Kl	9. Kl

Lernziele
- sich zu einem Thema frei äußern

Material
Papier und Stifte

Vorbereitung
Die Klasse wird in 3er-Gruppen aufgeteilt. Alle SuS legen Papier und Stift bereit. Jede Gruppe macht aus, wer von ihnen der Sprecher für den „monologue minute" ist.

Verlauf
Die L schreibt das erste Thema an die Tafel. Der Sprecherschüler jeder Gruppe überlegt sich nun ca. zwei Minuten lang, was er zu diesem Thema als „monologue minute" sagen wird, und kann sich Stichpunkte notieren. Die beiden anderen SuS der Gruppen notieren sich verdeckt 10 Wörter auf ihrem Zettel, die sie in der Rede des Sprechers erwarten, d.h. sie „sagen seine Worte voraus". Anschließend gibt die L ein akustisches Signal (z.B. mit einer Glocke oder Händeklatschen). Nun halten alle Sprecher-SuS gleichzeitig ihren beiden anderen Gruppenmitgliedern den 1-minütigen Monolog zum Thema. Die beiden Zuhörer haken auf ihrer Liste die Wörter ab, die der Sprecher erwähnt hat. Nach einer Minute gibt die L wieder ein akustisches End-Signal. Dann notieren die beiden zuhörenden SuS, wie viele Wörter sie richtig vorhergesagt haben. (Bei jüngeren SuS wird die Redezeit entsprechend verkürzt.)
Danach werden die Rollen getauscht: die L gibt ein neues Thema vor, ein anderer S der 3er-Gruppe ist nun der Sprecher, die beiden übrigen SuS notieren 10 Wörter usw. Nachdem zum dritten Mal die Aktivität mit einem anderen Thema durchgeführt wurde und alle SuS der Gruppe einmal als Sprecher an der Reihe waren, wird verglichen, wer die meisten Wörter richtig vorhergesagt hat und damit Sieger ist.
Dadurch, dass die zuhörenden SuS sich Wörter notieren, reaktivieren sie gleichzeitig auch ihre Kenntnisse zum jeweiligen Thema, hören dann aufmerksamer dem Sprecherschüler zu und die Spannung wird gesteigert.
Als Wörter können natürlich Schlüsselbegriffe zum jeweiligen Thema oder auch Verben, Konjunktionen (*et*, *après*, *alors* usw.) notiert werden. Die L kann das ggf. steuern, indem er nur Schlüsselbegriffe erlaubt (dann ist das vorrangige Ziel die Wortschatzwiederholung) oder z.B. vorgibt, dass mindestens drei Verben o.ä. in der Liste enthalten sein müssen.
Alternative: Alle 3 SuS sprechen zum gleichen Thema.

Mögliche Themen

1. *aktueller Lektionstext (oder Thema des Unterrichts)*
2. *notre école*
3. *aujourd'hui*
4. *les vacances*
5. *ce que j'aime*
6. *ce que je déteste*
7. *l'école idéale*
8. *le cinéma*
9. *les meilleurs livres*
10. *les meilleurs films*
11. *je suis content,e quand…*
12. *le matin à la maison*
13. *le soir après l'école*
14. *une semaine sans portable / ordinateur / télé*
15. *le week-end*
16. *l'argent de poche*
17. *les copains*
18. *notre ville / village*
19. *les saisons*
20. *le sport*
21. *la France*
22. *l'actualité usw.*

(Diese Aktivität übernimmt die Grundidee von „Predict a word" (in: Ulrike Handke: Mehr Erfolg im Unterricht. Ausgewählte Methoden, die Schüler motivieren. Berlin 2008, S. 18-21) und wurde für den Französischunterricht von mir angepasst und weiterentwickelt.)

A2	A2+	B1
7. Kl	8. Kl	9. Kl

2.3.2 Les blagues

Lernziele

- einen Text verstehen und nur mit Hilfe von Stichwörtern nacherzählen

Material

KV 2.3.2a und b

Vorbereitung

Jeder S erhält eine Witzkarte, die er in der Mitte faltet (KV 2.3.3a), sowie ein Kärtchen mit der End-Pointe eines anderen Witzes (KV 2.3.3b). Einige Witzkarten und Endpointen werden als Reserve auf das Pult gelegt.

Verlauf

Jeder S liest seinen Witz still durch. Anschließend gehen die SuS zu zweit zusammen.
Beide erzählen sich nacheinander gegenseitig ihren Witz, sehen dabei aber nur die Seite mit den Stichpunkten an (und lesen den Text auf der Rückseite nicht vor).
Anschließend zeigen sie sich ihre Kärtchen mit den End-Pointen und prüfen, ob die Pointe zu ihrem Witz passt. Wenn ja, holen sie sich von vorne eine neue Witzkarte und Endpointe und suchen einen neuen Partner.
Wenn nein, behalten sie ihre bisherige Witzkarte, gehen zu einem neuen S, erzählen sich wieder gegenseitig ihre Witze und lesen die Kärtchen mit den Pointen usw.
Die Aktivität ist beendet, wenn die SuS alle oder die meisten Witze einmal selbst erzählt oder gehört haben.
Anschließend kann die L im Plenum eine Umfrage machen, welcher Witz den SuS am besten gefallen hat.
(Diese Aktivität habe ich in der Fortbildung „KIK" (Kommunikation, Interaktivität, Kreativität, www.active-english-training.de) von Inge Ebert (Würzburg) kennengelernt und für den Französischunterricht angepasst und weiterentwickelt.)

Lösung

1g, 2h, 3f, 4a, 5j, 6c, 7e, 8d, 9k, 10b, 11i

Les blagues

1. *L'aveugle*

Un aveugle[1] *va dans un magasin avec son chien. Quand il est au milieu du magasin, il prend son chien par la queue2, tourne le chien sur sa tête et fait beaucoup de cercles.*[3]

Le vendeur[4] *dans le magasin voit tout ça et trouve ça très bizarre. Alors, il veut savoir pourquoi l'homme fait ça. Il va à côté de l'aveugle avec son chien qui tourne et il lui dit : « Excusez-moi. Je peux vous aider ? »*

L'aveugle répond : « … »

[1]un aveugle = Blinder ; [2]la queue = Schwanz ; [3]un cercle = Kreis ; [4]le vendeur = Verkäufer

1. *L'aveugle*

un aveugle
dans un magasin
son chien
tourne le chien sur sa tête

le vendeur
aider ?

L'aveugle répond : « … »

un aveugle = Blinder ; la queue = Schwanz ; un cercle = Kreis ; le vendeur = Verkäufer

2. La secrétaire

Un jour, une secrétaire veut quitter son bureau pour faire la pause de midi. Elle voit que son chef est devant un destructeur de documents[1]. *Il a l'air perdu et il ne sait pas comment on utilise*[2] *cette machine. La secrétaire va vers lui et lui demande s'il a besoin d'aide. Il répond : « Oui. C'est très important. »*

La secrétaire est heureuse de pouvoir aider. Elle allume[3] *le destructeur de documents et met le papier dedans*[4].

Après, son chef dit : « … »

[1]un destructeur de documents = Aktenvernichter ; [2]utiliser qc = etw benutzen ; [3]allumer qc = einschalten ; [4]dedans = hinein

2. La secrétaire

son chef
devant un destructeur de documents
aider ?
important

allumer
mettre le papier dedans

Après, son chef dit : « … »

un destructeur de documents = Aktenvernichter ; utiliser qc = etw benutzen ; allumer qc = einschalten ; dedans = hinein

3. Le parfum

Dans un magasin, un homme voit son ami qui est en train d'acheter deux bouteilles de parfum. Il lui demande : « C'est pour l'anniversaire de ta femme ? »
« Non, non », répond-il, « c'est pour ma belle-mère[1]. »
L'ami trouve ça très étonnant[2] et dit : « Eh ben, dis-donc, tu aimes bien ta belle-mère, toi ! »
Mais l'autre répond : « … »

[1]la belle-mère = Schwiegermutter ; [2]étonnant, e = erstaunlich

3. Le parfum

un magasin
acheter deux bouteilles de parfum
pour l'anniversaire de ta femme ?

pour la belle-mère

aimer la belle-mère ?

Mais l'autre répond : « … »

la belle-mère = Schwiegermutter ; étonnant, e = erstaunlich

ISBN 978-3-12-927918-2

4. *La police*

Cinq Allemands dans une Audi Quattro arrivent à la frontière[1] belge. Un agent de police les arrête. Il dit : « 'Quattro', ça veut dire 'quatre'. Il y a trop de personnes dans cette voiture. Une personne doit descendre[2]. »
« Mais 'Quattro' est seulement le nom de la voiture », dit le conducteur[3]. « Regardez, chacun sait que cette voiture est pour cinq personnes. Si vous ne me croyez pas, téléphonez à votre chef. »

L'agent de police répond : « Mon chef ne peut pas venir. Il… »

[1]la frontière = Grenze ; [2]descendre = aussteigen ;
[3]le conducteur = Fahrer

4. *La police*

cinq Allemands
une Audio Quattro
la frontière belge
quattro = quatre
descendre
seulement le nom de la voiture
téléphoner au chef

L'agent de police répond : « Mon chef ne peut pas venir. Il… »

la frontière = Grenze ; descendre = aussteigen ; le conducteur = Fahrer

5. L'arbre de Noël

Quelques semaines avant Noël, deux Belges vont dans une forêt pour trouver un arbre de Noël. Il fait très, très froid. Ils se promènent pendant quelques heures, mais ils ne trouvent pas d'arbre de Noël.

Après cinq heures, un Belge dit à l'autre :
« … »

5. L'arbre de Noël

quelques semaines avant Noël
deux Belges
une forêt
quelques heures
ne pas trouver d'arbre de Noël
Après cinq heures, un Belge dit à l'autre :
« … »

6. La voiture

Un jeune homme de 18 ans dit à son père : « Papa, j'ai mon permis de conduire1, je sais conduire la voiture maintenant. Je voudrais prendre notre voiture de famille. »
Le père répond : « D'accord. Mais avant, tu dois avoir des bonnes notes à l'école, tu dois ranger2 ta chambre et tu dois te faire couper3 les cheveux. Fais tout ça et dans quelques mois, on va voir. »
Après quelques mois, le jeune homme rentre à la maison avec son bulletin4 à la main. « Papa, j'ai des très bonnes notes à l'école. En plus, je rangeais toujours bien ma chambre. Alors, est-ce que je peux prendre ta voiture maintenant ? »
Le père répond: « C'est vrai, mais tu n'as pas coupé tes cheveux. »
Le fils dit : « Oui, mais Jésus avait aussi les cheveux longs. »
Le père répond : « … »

[1]le permis de conduire = Führerschein ; [2]ranger = aufräumen ;
[3]se faire couper = sich schneiden lassen ; [4]le bulletin = Zeugnis

6. La voiture

un jeune homme
prendre la voiture ?
le père : avant : bonnes notes, ranger la chambre, faire couper les cheveux

après quelques mois : bonnes notes, ranger la chambre
le père : pas les cheveux coupés
le fils : Jésus : les cheveux longs

Le père répond : « … »

le permis de conduire = Führerschein ; ranger = aufräumen ; se faire couper = sich schneiden lassen ; le bulletin = Zeugnis

ISBN 978-3-12-927918-2

7. Le mail

Un homme d'affaires[1] de Paris fait un voyage en Californie. Sa femme veut venir chez lui le lendemain[2]. Quand il est arrivé à l'hôtel, il décide de lui envoyer un mail. Malheureusement, il ne sait plus exactement son adresse mail et il écrit une lettre[3] fausse. Alors, ce mail n'arrive pas chez sa femme, mais chez la vieille femme d'un pasteur[4] qui est mort[5] la veille[6]. Quand cette femme voit ce mail, elle crie très fort et tombe par terre. Ses enfants entendent le cri, courent dans le salon et voient ce message sur l'écran[7] : « … »

[1]un homme d'affaires = Geschäftsmann ; [2]le lendemain = am Tag danach ; [3]une lettre = ein Buchstabe ; [4]un pasteur = Pfarrer ; [5]mort,e = tot ; [6]la veille = am Tag vorher ; [7]un écran = Bildschirm

7. Le mail

un homme d'affaires
un voyage en Californie
envoyer un mail à sa femme
une adresse mail fausse
la vieille femme d'un pasteur mort
crier, tomber par terre

Ses enfants voient ce message sur l'écran : « … »

un homme d'affaires = Geschäftsmann ; le lendemain = am Tag danach ; une lettre = ein Buchstabe ; un pasteur = Pfarrer ; mort,e = tot ; la veille = am Tag vorher ; un écran = Bildschirm

8. Adam et Ève

Un jour, une petite fille demande à sa mère : « Maman, qui étaient les premiers gens sur Terre[1] ? » La mère répond: « Dieu[2] a créé[3] les premières personnes, Adam et Ève. Adam et Ève ont eu des enfants, ces enfants ont eu des enfants, etc., etc. »
Deux jours plus tard, la petite fille pose la même question à son père. Il dit : « Ma petite, il y a[4] des millions d'années, les singes[5] sont devenus des êtres humains[6]. »
Alors, la petite fille est complètement confuse[7] et elle court chez sa mère. « Maman, maman, pourquoi est-ce que tu as dit que Dieu avait créé les premières personnes, mais papa a dit qu'on descendait[8] des singes ? »
La mère sourit[9] et répond : « … »

[1]sur Terre = auf der Erde ; [2]Dieu = Gott ; [3]créer = schaffen ; [4]il y a = vor ; [5]le singe = Affe ; [6]un être humain = Mensch ; [7]confus,e = verwirrt ; [8]descendre = (*hier:*) abstammen ; [9]sourire = lächeln

8. Adam et Ève

une petite fille
demander à sa mère
les premiers gens sur Terre ?
Dieu : créer Adam et Ève
demander à son père
descendre des singes
confuse, demander à sa mère
pourquoi toi ≠ papa ?

La mère sourit et répond : « … »

sur Terre = auf der Erde ; Dieu = Gott ; créer = schaffen ; il y a = vor ; le singe = Affe ; un être humain = Mensch ; confus,e = verwirrt ; descendre = (*hier:*) abstammen ; sourire = lächeln

9. Le tableau

Un homme regarde les tableaux[1] d'un peintre[2].
À la fin, il dit : « Je vais acheter ce tableau.
Il est vraiment très joli avec toutes les couleurs différentes. »
Le peintre répond : « Oui, j'ai passé dix ans de ma vie pour ce tableau. »
« Ah bon ? Dix ans ? Quel travail ! » répond l'homme.
Le peintre dit : « … »

[1]un tableau = Gemälde ; [2]un peintre = Maler

9. Le tableau

un homme
regarder les tableaux d'un peintre
acheter ce tableau
le peintre : dix ans pour ce tableau
l'homme : quel travail

Le peintre dit : « … »

un tableau = Gemälde ; un peintre = Maler

ISBN 978-3-12-927918-2

10. *La prière*

Quelques semaines avant Noël, deux jeunes frères passent la nuit chez leurs grands-parents. Quand ils doivent aller au lit, ils disent leurs prières[1] à Dieu[2].
Tout à coup, un des frères parle à voix très haute[3] : « Dieu, s'il te plaît, dit au Père Noël de m'offrir un i-phone et beaucoup de jeux d'ordinateur. »
Le frère aîné[4] demande : « Pourquoi est-ce que tu cries[5] tes prières ? Dieu entend très bien, il n'est pas sourd[6]. »

Le petit frère répond : « … »

[1]la prière = Gebet ; [2]Dieu = Gott ; [3]parler à voix très haute = sehr laut sprechen ; [4]aîné,e = älter ; [5]crier = schreien ; [6]sourd,e = taub

10. *La prière*

quelques semaines avant Noël
deux jeunes frères chez leurs grands-parents
passer la nuit
dire leurs prières à Dieu
à voix très haute
offrir un i-phone et des jeux d'ordinateur
le frère aîné : pourquoi crier ? Dieu ≠ sourd

Le petit frère répond : « … »

la prière = Gebet ; Dieu = Gott ; parler à voix très haute = sehr laut sprechen ; aîné,e = älter ; crier = schreien ; sourd,e = taub

11. À l'école

Dans une école à la frontière[1] franco-suisse, l'institutrice[2] dit qu'elle est fan de l'équipe[3] de France et demande aux fans de l'équipe de France de football de lever la main[4].
Pour faire comme la jolie institutrice, tous les élèves lèvent la main, sauf[5] une. « Bah alors, petite Émilie, tu n'es pas fan de l'équipe de France ? » demande l'institutrice. « Non », répond Émilie, « je suis fan de l'équipe suisse. »
« Ah bon ? », demande l'institutrice, « Et pourquoi ? »
« Parce que mes parents sont fans de l'équipe suisse, donc moi aussi, je suis fan de l'équipe suisse », répond la petite fille.
L'institutrice veut donner une leçon à la fille et dit « Et si tes parents étaient[6] des idiots, tu serais quoi[7] ? ».
La petite Émilie répond : « … »

[1]la frontière = Grenze ; [2]une institutrice = Grundschullehrerin ; [3]une équipe = Mannschaft ; [4]lever la main = die Hand heben, sich melden ; [5]sauf = außer ; [6]si tes parents étaient = wenn deine Eltern wären ; [7]tu serais quoi = was wärst du

11. À l'école

une école
à la frontière franco-suisse
l'institutrice : fan de l'équipe de France
tous les élèves d'accord sauf Émilie
fan de l'équipe suisse
pourquoi ?
mes parents aussi
l'institutrice : tes parents des idiots, tu ?

La petite Émilie répond : « … »

la frontière = Grenze ; une institutrice = Grundschullehrerin ; une équipe = Mannschaft ; lever la main = die Hand heben, sich melden ; sauf = außer ; si tes parents étaient = wenn deine Eltern wären ; tu serais quoi = was wärst du

ISBN 978-3-12-927918-2

Les blagues – les fins

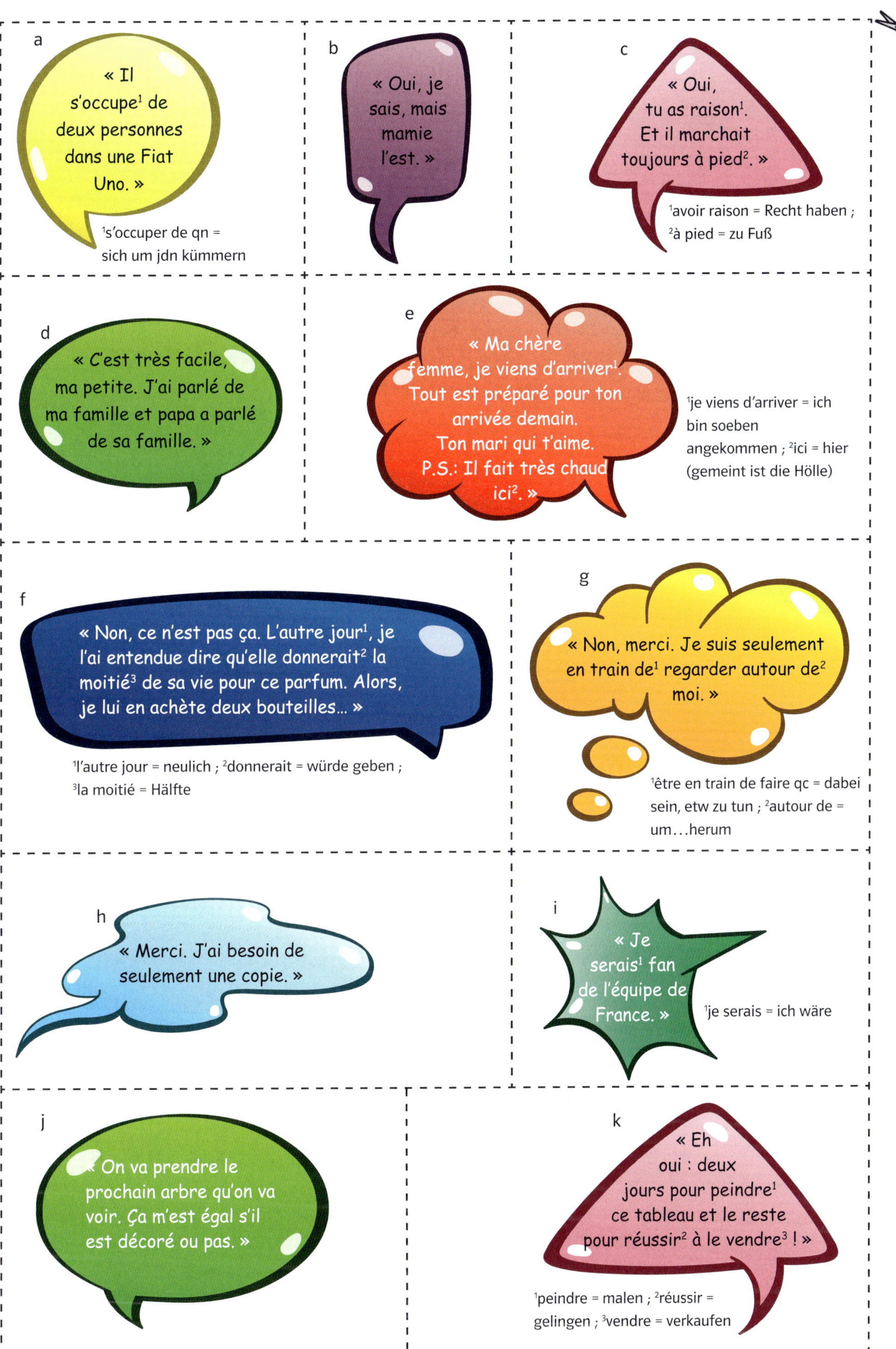
a
« Il s'occupe[1] de deux personnes dans une Fiat Uno. »
[1]s'occuper de qn = sich um jdn kümmern
b
« Oui, je sais, mais mamie l'est. »
c
« Oui, tu as raison[1]. Et il marchait toujours à pied[2]. »
[1]avoir raison = Recht haben ; [2]à pied = zu Fuß
d
« C'est très facile, ma petite. J'ai parlé de ma famille et papa a parlé de sa famille. »
e
« Ma chère femme, je viens d'arriver[1]. Tout est préparé pour ton arrivée demain. Ton mari qui t'aime. P.S.: Il fait très chaud ici[2]. »
[1]je viens d'arriver = ich bin soeben angekommen ; [2]ici = hier (gemeint ist die Hölle)
f
« Non, ce n'est pas ça. L'autre jour[1], je l'ai entendue dire qu'elle donnerait[2] la moitié[3] de sa vie pour ce parfum. Alors, je lui en achète deux bouteilles… »
[1]l'autre jour = neulich ; [2]donnerait = würde geben ; [3]la moitié = Hälfte
g
« Non, merci. Je suis seulement en train de[1] regarder autour de[2] moi. »
[1]être en train de faire qc = dabei sein, etw zu tun ; [2]autour de = um…herum
h
« Merci. J'ai besoin de seulement une copie. »
i
« Je serais[1] fan de l'équipe de France. »
[1]je serais = ich wäre
j
« On va prendre le prochain arbre qu'on va voir. Ça m'est égal s'il est décoré ou pas. »
k
« Eh oui : deux jours pour peindre[1] ce tableau et le reste pour réussir[2] à le vendre[3] ! »
[1]peindre = malen ; [2]réussir = gelingen ; [3]vendre = verkaufen

Klett

ISBN 978-3-12-927918-2

2.3.3 Jeu du savoir

A2+	B1
8. Kl	9. Kl

Lernziele

- Begriffe / Personen usw. umschreiben / erklären

Material

KV 2.3.3a und b (für jede Gruppe mit 4-8 SuS je einmal kopieren); Spielfiguren, Würfel

Vorbereitung

Diese Aktivität beruht auf dem Gesellschaftsspiel „Trivial pursuit", bei dem man durch das richtige Beantworten von Fragen zu verschiedenen Wissensgebieten einen Stein und damit Punkt bekommt. Es gibt dabei folgende Kategorien:

1. la géographie (bleu)
2. l'Histoire (jaune)
3. la technique et la recherche (vert)
4. les médias, les films et les stars (rose)
5. le sport (orange)

Die Klasse wird in Gruppen zu 4-8 SuS geteilt. Jede Gruppe erhält einen Spielplan, stellt ihre Spielfiguren in die Mitte des Kreises und legt die farbigen Kärtchen umgedreht auf Stapeln sowie einen Würfel bereit. Ein S pro Gruppe hat Zettel und Stift zum Notieren der Punkte.

Verlauf

Der erste S beginnt, würfelt, läuft der Augenzahl entsprechend zu einem Feld und zieht ein Kärtchen der entsprechenden Farbe bzw. mit dem entsprechenden Symbol.
Er muss nun den Begriff / die Person auf dem Kärtchen den anderen erklären.
Wer zuerst die Lösung erraten hat, erhält einen Punkt, ebenso der erklärende S.
Anschließend geht die Runde im Uhrzeigersinn weiter und der nächste SuS zieht ein Kärtchen.
Gewonnen hat am Ende der S, der die meisten Punkte hat.

Jeu du savoir

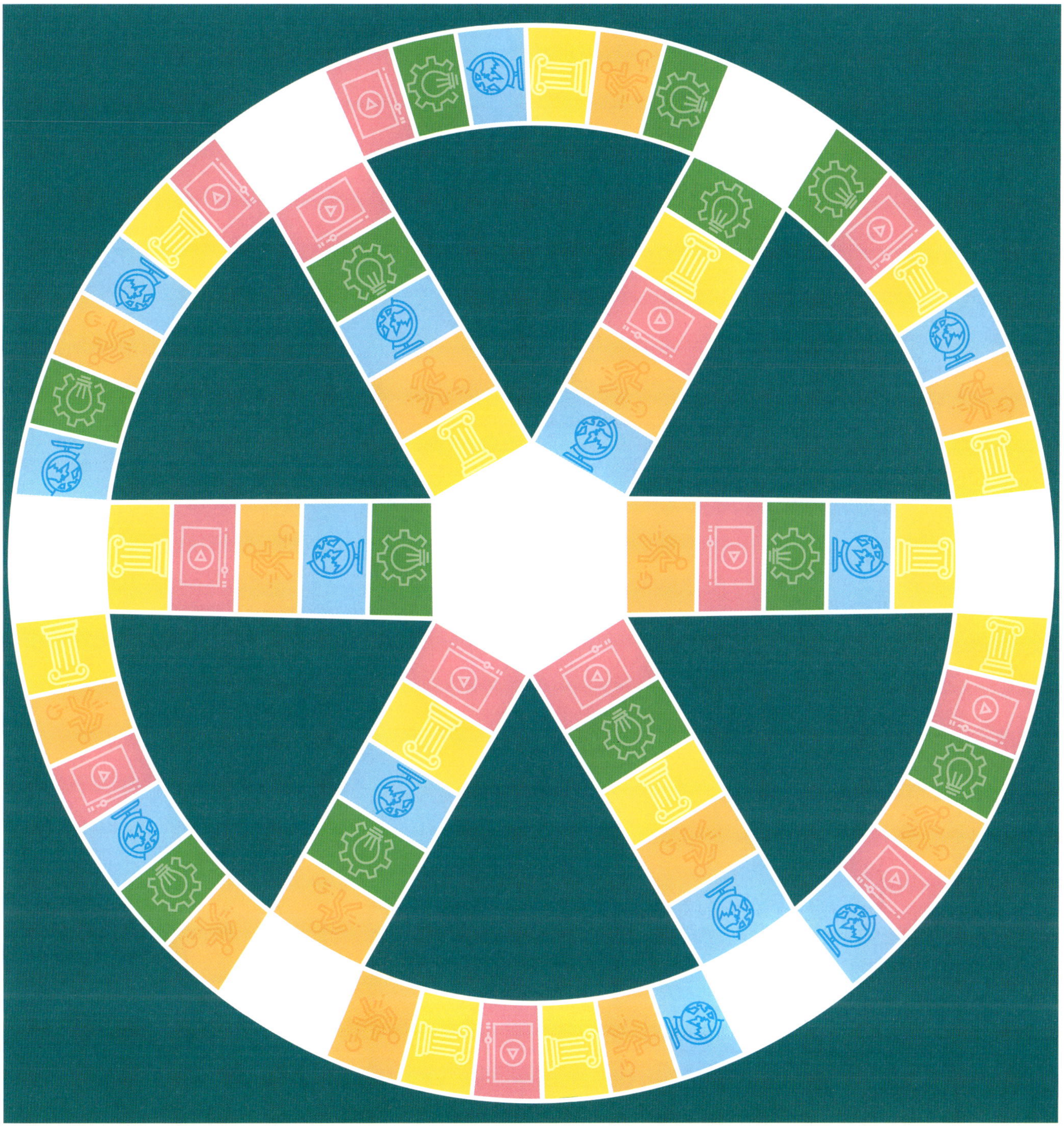

ISBN 978-3-12-927918-2

Jeu du savoir – les cartes bleues

le Rhin *(Rhein)*	la France	les Alpes *(fpl)*	Paris
Cologne *(Köln)*	Lisbonne *(Lissabon)*	Munich *(München)*	la Bretagne
Marseille	l'Alsace *(f)* *(Elsass)*	Washington	la Belgique
l'Algérie *(f)*	Londres *(London)*	le Danemark	la Méditerranée *(Mittelmeer)*
la Suisse	l'Italie *(f)*	l'Afrique *(f)*	Las Vegas

le Rhin *(Rhein)*	la France	les Alpes *(fpl)*	Paris
Cologne *(Köln)*	Lisbonne *(Lissabon)*	Munich *(München)*	la Bretagne
Marseille	l'Alsace *(f)* *(Elsass)*	Washington	la Belgique
l'Algérie *(f)*	Londres *(London)*	le Danemark	la Méditerranée *(Mittelmeer)*
la Suisse	l'Italie *(f)*	l'Afrique *(f)*	Las Vegas

ISBN 978-3-12-927918-2

Jeu du savoir – les cartes jaunes

Louis XIV	Wolfgang Amadeus Mozart	Christophe Colomb *(Kolumbus)*	Johann Wolfgang von Goethe
Napoléon	Adolf Hitler	Joseph Goebbels	Charlemagne *(Karl der Große)*
Versailles	les pyramides *(fpl)*	Martin Luther King	le Moyen Âge *(Mittelalter)*
1933	1789	1945	le 3 octobre 1990
1914-1918	Gerhard Schröder	Martin Luther	François Hollande

Louis XIV	Wolfgang Amadeus Mozart	Christophe Colomb *(Kolumbus)*	Johann Wolfgang von Goethe
Napoléon	Adolf Hitler	Joseph Goebbels	Charlemagne *(Karl der Große)*
Versailles	les pyramides *(fpl)*	Martin Luther King	le Moyen Âge *(Mittelalter)*
1933	1789	1945	le 3 octobre 1990
1914-1918	Gerhard Schröder	Martin Luther	François Hollande

ISBN 978-3-12-927918-2

Jeu du savoir – les cartes vertes

chatter	whatsapp	google	youtube
facebook	un mail	un CD	Carl Friedrich Benz
le disque *(Schallplatte)*	la radiographie *(Röntgen)*	une appli *(App)*	Charles Darwin
Thomas Edison	Albert Einstein	Alfred Nobel	Bill Gates
la chimie	un virus	l'astronomie *(f)*	un i-phone

chatter	whatsapp	google	youtube
facebook	un mail	un CD	Carl Friedrich Benz
le disque *(Schallplatte)*	la radiographie *(Röntgen)*	une appli *(App)*	Charles Darwin
Thomas Edison	Albert Einstein	Alfred Nobel	Bill Gates
la chimie	un virus	l'astronomie *(f)*	un i-phone

ISBN 978-3-12-927918-2

Jeu du savoir – les cartes roses

Tokio Hotel	Intouchables *(Ziemlich beste Freunde)*	Harry Potter	Leonardo di Caprio
James Bond	Starwars	Twilight	Titanic
Brad Pitt	Julia Roberts	Stefan Raab	Sandra Bullock
l'oscar	Winnetou	Astérix	Thomas Gottschalk
Simpsons	Mickey Mouse	Germany's Next Top Model	Michael Jackson

Tokio Hotel	Intouchables *(Ziemlich beste Freunde)*	Harry Potter	Leonardo di Caprio
James Bond	Starwars	Twilight	Titanic
Brad Pitt	Julia Roberts	Stefan Raab	Sandra Bullock
l'oscar	Winnetou	Astérix	Thomas Gottschalk
Simpsons	Mickey Mouse	Germany's Next Top Model	Michael Jackson

ISBN 978-3-12-927918-2

Jeu du savoir – les cartes orange

les Jeux olympiques	Zinédine Zidane	la Coupe du monde *(WM)*	Michael Ballack
le basket(ball)	Michael Schumacher	le kayak	le ski
le VTT *(= vélo tout terrain; Mountainbike)*	le Tour de France	le ping-pong *(Tischtennis)*	le dopage *(Doping)*
Jan Ullrich	le surf	le rugby	l'acrobatie *(f)* *(Akrobatik)*
l'athlétisme *(m)* *(Leichtathletik)*	le stade *(Stadion)*	la boxe	Joachim Löw

les Jeux olympiques	Zinédine Zidane	la Coupe du monde *(WM)*	Michael Ballack
le basket(ball)	Michael Schumacher	le kayak	le ski
le VTT *(= vélo tout terrain; Mountainbike)*	le Tour de France	le ping-pong *(Tischtennis)*	le dopage *(Doping)*
Jan Ullrich	le surf	le rugby	l'acrobatie *(f)* *(Akrobatik)*
l'athlétisme *(m)* *(Leichtathletik)*	le stade *(Stadion)*	la boxe	Joachim Löw

ISBN 978-3-12-927918-2

2.3.4 La personne sur la chaise

A2	A2+	B1
7. Kl	8. Kl	9. Kl

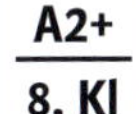
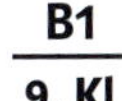

Lernziele
- freies Sprechen üben
- sich in die Rolle einer Person versetzen

Material
KV 2.3.4a (Variante a für Niveau A2/7. Klasse)
KV 2.3.4b (Variante b für Niveau A2+ und B1/8. und 9. Klasse, z.B. im Anschluss an einen Lektionstext über einen Austausch)
Vorlage im Querformat für den Einsatz an Whiteboard auf der DVD-ROM

Vorbereitung
Die Klasse wird in Gruppen zu 4-6 SuS geteilt. Die Bänke werden zur Seite geräumt. Jede Gruppe setzt sich in einen kleinen Kreis um einen freien Stuhl in der Mitte. Die L legt die Folie mit der Arbeitsanweisung (KV 2.3.2a oder b) verdeckt auf den Overheadprojektor (oder zeigt das Dokument per Whiteboard).

Verlauf
Die L deckt sukzessive die einzelnen Arbeitsanweisungen auf der Folie auf.
Sie erklärt den jeweiligen Arbeitsauftrag genau und macht ein Beispiel vor, dann befolgen alle Gruppen den Arbeitsauftrag und sprechen gleichzeitig.
Anschließend gibt die L ein akustisches Signal, deckt den nächsten Arbeitsauftrag auf usw.
Die SuS imaginieren also eine Person auf dem freien Stuhl in der Mitte und verleihen ihr eine Identität, indem sie reihum Informationen über sie erfinden (Aufgabe 1).
Anschließend setzt sich ein S auf den leeren Stuhl und spielt im Folgenden die Rolle der erfundenen Figur (Aufgabe 2).
Je zwei SuS aus jeder Gruppe gehen in eine andere Gruppe, stellen dem S, der diese Figur spielt, Fragen über seine Identität und der S beantwortet sie.
Die übrigen SuS der Gruppe, die nicht an dem Interview beteiligt sind, hören gut zu und helfen dem S, falls er eine Information seiner Identität vergessen hat (Aufgabe 3).
Danach gehen die Interview-SuS in ihre Gruppen zurück und stellen den anderen Gruppenmitgliedern die Figur der Nebengruppe vor (Aufgabe 4).
Anschließend spielen alle SuS der Gruppe die Figur in der Mitte und tauschen sich mit SuS aus anderen Gruppen über ihre Identität aus (Aufgabe 5).
Wegen des mehrmaligen Sprechens (bzw. vorher mehrmaligen Hörens der gleichen Informationen) fördert diese Aktivität auch leistungsschwächere SuS in der Klasse.

(Diese Aktivität ist angelehnt an die Übung „Das Kissen" von Bernard Dufeu (Wege zu einer Pädagogik des Seins, ein Psychodramaturgischer Ansatz zum Fremdsprachenunterricht, Mainz 2003, S. 188-191) und ist für den Französischunterricht angepasst und weiterentwickelt.)

La personne sur la chaise – variante a

1. Imaginez : Sur la chaise, il y a une personne.
   Racontez à tour de rôle (reihum) :
   - un homme ou une femme
   - son nom
   - son âge
   - son métier ou ce qu'il / elle veut faire comme métier plus tard
   - d'où il / elle vient
   - ses hobbies
   - son plat préféré (Lieblingsessen)
   - ce qu'il / elle a fait hier
   - ce qu'il / elle va faire demain

   Retenez bien (merkt euch gut) les informations.

2. Maintenant, un élève s'assoit sur la chaise et deux élèves de votre groupe vont à un autre groupe dans le sens des aiguilles d'une montre (im Uhrzeigersinn).

3. Faites une interview : posez des questions à la personne sur la chaise. (Les autres élèves du groupe peuvent aider).

4. Après, retournez dans votre groupe et présentez cette personne à votre groupe.

5. Chacun (jeder) de votre groupe joue le rôle de l'élève sur la chaise. Imaginez : Vous êtes à une fête et vous faites la connaissance de nouveaux gens. Présentez-vous, posez des questions et racontez des informations sur vous.

ISBN 978-3-12-927918-2

La personne sur la chaise – variante b

1. Imaginez : Sur la chaise, il y a un/e élève français/e ou allemand/e qui a participé à un échange scolaire. Racontez à tour de rôle (reihum) :
   - un garçon ou une fille
   - son nom
   - son âge
   - d'où il / elle vient
   - comment son / sa corres s'appelle
   - comment il / elle a trouvé la famille d'accueil (Gastfamilie) et pourquoi
   - ce qu'il / elle a fait pendant l'échange (3 activités)
   - ce qu'il / elle pense de l'école de son / sa corres
   - ce qu'il / elle a trouvé super (pendant l'échange) et pourquoi
   - ce qu'il / elle n'a pas aimé (pendant l'échange) et pourquoi
   - s'il / si elle veut rester en contact avec son / sa corres et pourquoi (pas)

   Retenez bien (merkt euch gut) les informations.

2. Maintenant, un élève s'assoit sur la chaise et deux élèves de votre groupe vont à un autre groupe dans le sens des aiguilles d'une montre (im Uhrzeigersinn).

3. Faites une interview : posez des questions à la personne sur la chaise. (Les autres élèves du groupe peuvent aider).

4. Après, retournez dans votre groupe et présentez cette personne à votre groupe.

5. Chacun (jeder) de votre groupe joue le rôle de l'élève sur la chaise. Mettez-vous à deux (avec un/e élève d'un autre groupe) et imaginez : Après l'échange, tu es chez ton cousin / ta cousine et tu lui parles de l'échange que tu as fait. Ton cousin / ta cousine a aussi participé à un échange et raconte. Jouez la conversation.

ISBN 978-3-12-927918-2

3.1 Pokora : « Reste comme tu es »

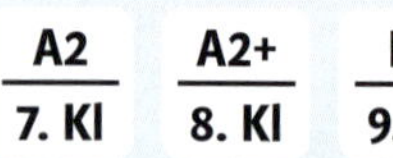

Lernziele

- Kreativität fördern: Dialoge zu einem Foto erfinden
- die Botschaft eines Liedes verstehen

Material

KV 3.1
Liedtext und Musik im Internet

Hintergrundinformationen

Der Pop-Sänger M. Pokora (eigentlicher Name: Matthieu Tota) ist in Deutschland recht unbekannt, in Frankreich jedoch immer wieder an der Spitze der Charts – deshalb sollen ihn auch unsere SuS kennenlernen. Das Lied „Reste comme tu es" eignet sich wegen der positiv-ermutigenden Botschaft für Teenies besonders gut.

Verlauf

Als Vorbereitung auf den Inhalt des Liedes sollen die SuS zwei Dialoge zu einem Foto spielen (Aufgabe 1). Dazu wird die Klasse in Vierergruppen geteilt, je zwei SuS spielen Scène 1, die anderen beiden Scène 2.
Die beiden in der Szene nicht beteiligten SuS hören zu. (Um alle SuS zu aktivieren, spielen alle Gruppen gleichzeitig.)
Anschließend können mehrere Szenen im Plenum vorgespielt werden oder die L erfragt im Unterrichtsgespräch von den einzelnen Gruppen, welche Dialoginhalte von ihnen erfunden wurden.
Bei der Scène 1 geht es um die Ausgrenzung des schwarzen Mädchens, in der Scène 2 soll gespielt werden, wie die Mutter auf die traurige Situation reagiert und welche Ratschläge sie ihrer Tochter gibt.
Dies ist eine Vorbereitung auf den Liedtext mit der zentralen Botschaft, so zu bleiben, wie man ist, da jeder Mensch einzigartig ist.
Anschließend sollen die SuS das Lied anhören und dabei die Aussagen ankreuzen, die den Liedinhalt am besten zusammenfassen (Aufgabe 2).
Als weitere Anwendung sollen die SuS sich in Partnerarbeit weitere Situationen ausdenken, zu denen das Lied passen könnte, und sich ggf. Notizen machen (Aufgabe 3).
Je nach verfügbarer Zeit werden diese Situationen im Plenum kurz vorgestellt oder jeweils in Zweier-Gruppen als Dialog den anderen vorgespielt.

Lösung

Aufgabe 2 : Couplet 1 + 2: a ; Refrain: c ; Couplet 3: b
Aufgabe 3 : *par exemple : une mère / un père / un(e) ami(e) console un garçon / une fille qui est handicapé(e), a les cheveux roux, a un hobby spécial, est plus grand(e) / petit(e) que les autres dans sa classe…*

(Mögliche Lösung: linkes Mädchen: « *Elles se moquent de moi. C'est bête. Je suis triste.* »
rechtes Mädchen : « *Vous avez vu Naïma, la fille noire ? Elle est très bizarre. Je crois qu'elle ne lave jamais ses cheveux.* »)

TIPP

Bei SuS des Niveaus A2 kann der L die Dialoge (Aufgabe 1 und 3) weglassen und stattdessen eine Gedankenblase für das linke schwarze Mädchen und eine Sprechblase für das linke Mädchen der Dreiergruppe rechts zeichnen lassen, die die SuS mit jeweils einem oder mehreren französischen Sätzen füllen sollen.

Pokora : « Reste comme tu es »

1. *Regardez cette photo et imaginez un dialogue.*
   Scène 1 : Jouez la conversation entre deux filles de celles à droite.
   Scène 2 : Le soir, la fille à gauche rentre à la maison et sa mère remarque qu'elle est très triste et demande pourquoi. Jouez leur conversation.

2. *Écoutez la chanson du chanteur Pokora et cochez la phrase qui résume le mieux le contenu du texte.*

Voici des mots qui vous aident à comprendre le texte :
un couloir = Gang ; la personnalité = Persönlichkeit ; chacun = jeder ; un individu = Individuum ; particulier, -ière = besonders ; un rempart = Bollwerk ; la couleur de peau = Hautfarbe ; unique / singulier, -ière = einzigartig

Couplet 1 + 2 :
- ☐ a) C'est une chance que nous sommes tous différents et que personne n'est comme les autres.
- ☐ b) Il y a des milliards de personnes sur terre.
- ☐ c) Nous vivons comme dans des couloirs.

Refrain :
- ☐ a) Les autres vont toujours t'aimer.
- ☐ b) Il faut rester content de sa personnalité.
- ☐ c) Tu dois rester la personne que tu es.

Couplet 3 :
- ☐ a) Chacun veut être normal.
- ☐ b) Chacun est un individu particulier.
- ☐ c) Il faut être comme un rempart contre les critiques des autres.

3. *Imaginez une autre situation dans laquelle le message de cette chanson peut aider.*

ISBN 978-3-12-927918-2

3.2 Louane : « Jour 1 »

Lernziele

- ein Lied der aktuellen französischen Erfolgssängerin Louane kennenlernen
- Kreativität fördern: einen Text zu einem Lied-Clip (ohne Ton) erfinden

Material

Musik auf der DVD-ROM
Liedtext und Videoclip im Internet

Hintergrundinformationen

Die Sängerin Louane (eigentlich Anne Peichert) ist 1996 geboren und nahm mit Erfolg an der französischen Castingshow „The voice" teil. Bekannt wurde sie auch durch die Hauptrolle im Film „Verstehen Sie die Béliers?" Ihr Debütalbum „Chambre 12" und die Singleauskopplung „Avenir" waren in den französischen Charts auf Platz 1, „Avenir" war / ist auch im deutschen Radio oft zu hören und dürfte vielen SuS bekannt sein. Da sich der Text von „Avenir" (mit Flüchen an den Ex-Freund) nicht so gut für den Französischunterricht eignet, sollen die SuS mit „Jour 1" ein anderes sehr bekanntes Lied dieses aktuellen französischen Stars kennenlernen.

Verlauf

Den SuS wird zunächst der Lied-Clip ohne Ton gezeigt. Anschließend bekommen sie den Arbeitsauftrag, in Partnerarbeit einen passenden Text zu diesem Clip zu erfinden. (Ggf. kann die L vorher noch den Titel „Jour 1" nennen.)
Anschließend gehen die SuS in Vierergruppen zusammen und lesen sich gegenseitig ihre Texte vor; einige Texte werden dann im Plenum vorgetragen. Danach erhalten die SuS den originalen Liedtext ausgeteilt (im Internet leicht auffindbar), sollen ihn in Stillarbeit lesen und sich dann gegenseitig in Partnerarbeit erzählen, worum es in dem Lied geht. Im Anschluss daran werden im Plenum die zentralen inhaltlichen Elemente zusammengetragen und ggf. Verständnisschwierigkeiten geklärt. (Da in dieser Unterrichtsstunde die Kreativität und Freude an Clip und Chanson im Vordergrund stehen, kann die L auf eine ausführlichere Textanalyse verzichten.)
Abschließend sehen die SuS nochmals den Lied-Clip an, diesmal aber mit Ton. Danach sollen sie ihrem Nachbarn erklären, wie sie den Text zu diesem Clip finden und warum. Nun kann die L zu dieser Frage ein kurzes Klassenfeedback einholen, indem die SuS gleichzeitig mit dem Daumen nach oben (= *super), zur Seite (= bof) oder nach unten (= nul) zeigen.*
Am Ende der Unterrichtsstunde können die L und die SuS das Lied gemeinsam mitsingen.

Consignes

1. *Regardez le clip sans son.*
2. *Imaginez un texte pour ce clip (avec le titre « Jour 1 »).*
3. *Lisez les textes de vos camarades.*
4. *Lisez le texte de la chanson en silence.*
5. *Ensuite, racontez à votre voisin(e) de quoi il parle.*
6. *Regardez le clip avec le son.*
7. *Après, dites comment vous trouvez cette chanson.*

TIPP

Man kann schon selbst auf A2-Niveau schon kleine Texte zum Thema schreiben: « *Je suis amoureuse d'un garcon. Il est joli. Mais je ne sais pas: est-ce qu'il m'aime aussi ?* » usw.

3.3 Stromae : « Papaoutai »

Lernziele

- ein bekanntes Lied von Stromae kennenlernen
- den Widerspruch zwischen Text und Musik wahrnehmen
- Kreativität fördern: einen Lied-Clip erfinden

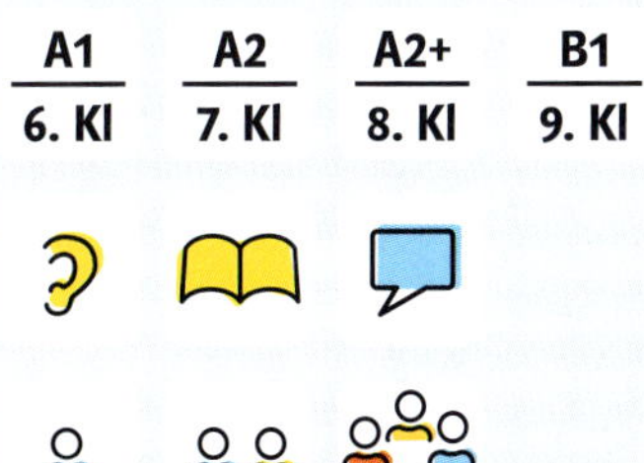

Material

KV 3.3a oder KV 3.3b (für 1./2. Lernjahr)
Musik auf der DVD-ROM

Hintergrundinformationen

Das bekannte Lied „Papaoutai / Papa où t'es" des belgischen Sängers Stromae (Verlan von „Maestro") über fehlende Väter ist auch autobiografisch geprägt: Er wuchs nämlich ohne seinen ruandischen Vater auf, der die Familie verließ, von Belgien nach Ruanda zurückkehrte und dort im Völkermord starb.

Verlauf

Die SuS des 3. und 4. Lernjahres erhalten KV 3.2a und müssen zuerst den unteren Teil des Blattes (ab Aufgabe 2) ohne zu lesen nach hinten umklappen, damit sie nicht schon den Liedtext lesen können. Dann sollen sie die Worte des Liedtitels in einer Buchstabenschlange „suchen" (passend zum Inhalt des Liedes) (Aufgabe 1). Anschließend lesen die SuS den Text, paraphrasieren den Inhalt in eigenen Worten (die L kann an dieser Stelle den biografischen Hintergrund von Stromae einfließen lassen) (Aufgabe 2) und überlegen, welche Musik zu diesem Text passen könnte (Aufgabe 3). Dafür bietet sich die Methode „think – pair – share" an, d.h. die SuS überlegen zuerst alleine, tauschen sich dann mit ihrem Nachbarn aus, danach werden die Ergebnisse im Plenum zusammengetragen. Bei diesem Text wird die Mehrheit der SuS wohl eine traurige Melodie erwarten.
Beim anschließenden Anhören des Liedes stellen die SuS den Kontrast zwischen fröhlicher, rhythmischer Musik, die zum Tanzen einlädt, und Liedtext fest (Aufgabe 4). Wahrscheinlich kennen viele SuS das Lied schon vom Hören her aus dem Radio o.ä., aber haben bisher nicht auf den Text geachtet. Sie stellen wahrscheinlich erst jetzt fest, dass sie in der vorausgehenden Unterrichtsphase den Text eines Liedes gelesen haben, das sie ja schon kennen, und ihnen wird bewusst, dass die Musik einen völlig anderen Eindruck des Inhaltes vermittelt.
Anschließend sollen sich die SuS in Partnerarbeit überlegen, welche Bilder zur Illustration des Liedes in einem Clip gezeigt werden können (Aufgabe 5).
Die Ideen werden im Plenum gesammelt. Danach sehen die SuS den Original-Clip und vergleichen ihn mit ihren Erwartungen.
Für das 1. und 2. Lernjahr zeigt die L die Buchstabenschlange per Folie oder schreibt sie an die Tafel. Anschließend erhalten die SuS den Liedtext mit deutscher Übersetzung (KV 3.2b). Anstelle der sprachlich schwierigeren Aufgabe, einen Clip zu erfinden, sehen die SuS den offiziellen Clip an und sollen anschließend versprachlichen, was sie gesehen haben. Dies ist auch im 1. Lernjahr schon möglich. („*Les enfants dansent. Le papa ne fait rien.*" usw.)

Lösung

Aufgabe 1: PAPA OÙ EST-CE QUE TU ES ?
→ dans la langue familière : papa tu es où, papa où t'es

Une chanson de Stromae

1. *Cherchez dans les lettres suivantes le titre de la chanson.*

XARKPAPATRUKOÙFEKRUEST-CETROQUEOPVNTURIKWESPOM?KLI

= ....

dans la langue familière : ....

2. *Lisez le texte de la chanson. Après, résumez de quoi la chanson parle.*

Dites-moi d'où il vient
Enfin je saurais où je vais
Maman dit que lorsqu'on[1] cherche bien
On finit toujours par[2] trouver

Elle dit qu'il n'est jamais très loin
Qu'il part très souvent travailler
Maman dit travailler c'est bien
Bien mieux qu'être mal accompagné[3]
Pas vrai ?

Où est ton papa ?
Dis-moi où est ton papa !
Sans même devoir lui parler,
Il sait ce qui ne va pas.
Ah sacré[4] papa !
Dis-moi où es-tu caché !
Ça doit
Faire au moins mille fois que j'ai
Compté mes doigts
Hé !

Refrain : Où t'es ? Papa où t'es ?
Papaoutai ?

Quoi ? Qu'on y croie ou pas
Y aura bien un jour où on y croira plus
Un jour où l'autre on sera tous papa
Et d'un jour à l'autre on aura disparu[5]
Serons-nous détestables ?
Serons-nous admirables[6] ?
Des géniteurs[7] ou des génies ?
Dites-nous qui donne naissance
aux irresponsables[8]

Ah dites-nous qui, tiens
Tout le monde sait
Comment on fait des bébés
Mais personne sait
Comment on fait des papas
Monsieur J'SaisTout
En aurait hérité[9], c'est ça ?

Faut l'sucer[10] d'son pouce[11] ou quoi?
Dites-nous où c'est caché,
Ça doit
Faire au moins mille fois qu'on a
bouffé[12] nos doigts
Hé!

[1]lorsque = quand ; [2]finir par faire qc = schließlich etw tun ; [3]être accompagné,e = begleitet sein ; [4]sacré,e = verdammt ; [5]disparaître = verschwinden ; [6]admirable = bewundernswert ; [7]un géniteur = Erzeuger ; [8]irresponsable = unverantwortlich ; [9]hériter de qc = etw erben ; [10]sucer = lutschen ; [11]le pouce = Daumen ; [12]bouffer (fam) = manger

3. *Réfléchissez à quel type de mélodie correspond ce texte (triste, gaie, rapide, lente, etc.).*

4. *Après, écoutez la chanson. Puis, dites comment vous trouvez la musique pour ce texte.*

5. *`Imaginez un clip pour cette chanson. Ensuite, regardez le clip officiel et dites à votre voisin(e) ce que vous en pensez.*

ISBN 978-3-12-927918-2

Stromae : « Papaoutai »

Dites-moi d'où il vient
Enfin je saurais où je vais
Maman dit que lorsqu'on cherche bien
On finit toujours par trouver

Elle dit qu'il n'est jamais très loin
Qu'il part très souvent travailler
Maman dit travailler c'est bien
Bien mieux qu'être mal accompagné
Pas vrai ?

Où est ton papa ?
Dis-moi où est ton papa !
Sans même devoir lui parler,
Il sait ce qui ne va pas.
Ah sacré papa !
Dis-moi où es-tu caché !
Ça doit
Faire au moins mille fois que j'ai
Compté mes doigts
Hé !

Refrain : Où t es ? Papa où t'es ? Papaoutai ?

Quoi ? Qu'on y croie ou pas
Y aura bien un jour où on y croira plus

Un jour où l'autre on sera tous papa
Et d'un jour à l'autre on aura disparu

Serons-nous détestables ?
Serons-nous admirables ?
Des géniteurs ou des génies ?
Dites-nous qui donne naissance
aux irresponsables

Ah dites-nous qui, tiens
Tout le monde sait
Comment on fait des bébés
Mais personne sait
Comment on fait des papas
Monsieur J'SaisTout
En aurait hérité, c'est ça ?

Faut l'sucer d'son pouce ou quoi?
Dites-nous où c'est caché,
Ça doit
Faire au moins mille fois qu'on a
bouffé nos doigts
Hé!

Sagt mir, wo er herkommt
Endlich wüsste ich dann, wohin ich gehe
Mama sagt, wenn man gut sucht
Findet man am Ende immer

Sie sagt, dass er nie weit weg ist
Dass er sehr oft zur Arbeit geht
Mama sagt, arbeiten ist gut
Viel besser als in schlechter Gesellschaft zu sein
Stimmt doch?

Wo ist dein Papa?
Sag mir, wo dein Papa ist!
Auch wenn man gar nicht mit ihm reden muss
Weiß er genau, was nicht geht.
Ah, heiliger Papa!
Sag mir, wo hast du dich versteckt!
Bestimmt schon
Mindestens tausend Mal hab' ich
Meine Finger gezählt
He!

Refrain: Wo bist du? Papa, wo bist du?

Was denn, ob man's glaubt oder nicht
es kommt bestimmt ein Tag, wo man nicht mehr dran glauben wird
Früher oder später werden wir alle Papa sein
Früher oder später werden wir verschwunden sein

Werden wir hassenswert sein?
Werden wir bewundernswert sein?
Erzeuger oder Genies?
Sagt uns mal, wer bringt die
Verantwortungslosen zur Welt

Ach, sagt uns doch mal
Alle wissen,
Wie man Babys macht
Aber niemand weiß,
Wie man Papas herstellt
Herr „Ich-weiß-doch-alles"
Wird es wohl ererbt haben, ist's so?

Muss man am Daumen genuckelt haben oder was?
Sagt uns doch, wo er sich versteckt hat
Das ist jetzt bestimmt schon
Tausend Mal, dass wir unsere
Finger gefressen haben
He!

ISBN 978-3-12-927918-2

3.4 Les Yeux d'La Tête : « Cinéma »

A2 / 7. Kl — B1 / 9. Kl

Lernziele

- ein Chanson mit einem ungewöhnlichen Text kennenlernen
- Hör- und Leseverstehen trainieren
- seine Meinung zum Thema „Cinéma" ausdrücken
- Kreativität fördern: einen Liedtext schreiben

Material

KV 3.4
Musik auf der DVD-ROM

Hintergrundinformationen

Die Pariser Band „Les Yeux d'La Tête" besteht aus sechs Männern und spielt mitreißende Musik mit Einflüssen des Sinti-Swing und Jazz. Sie ist auch bei Konzerten in Deutschland zu hören.

Verlauf

Die SuS sollen zuerst ihre persönliche Meinung zum Thema „Cinéma" äußern.
Um alle SuS zu aktivieren, spricht je ein S gleichzeitig mit seinem Banknachbarn ca. eine Minute, auf ein akustisches Signal der L hin (Klatschen, Glocke o.ä.) werden die Rollen gewechselt und der vorher zuhörende S hält nun seinen „monologue minute" (Aufgabe I).
Anschließend hören die SuS das Chanson an, lesen den Text mit und markieren die vertauschten Zeilen mit einem Pfeil (Aufgabe II). Durch diesen Arbeitsauftrag wird das konzentrierte Zuhören gefördert. Danach lässt die L im Plenum die richtigen Lösungen zusammentragen.
Da der Text ja recht schnell gesungen wird und eine ganze Reihe unbekannter Vokabeln enthält, sollen nun die SuS nochmals den Text in Stillarbeit durchlesen und dabei die Verständnisfragen (Aufgabe III) beantworten. Die Fragen 3 und 4 gehen auf die musikalische Gestaltung ein, sodass die L an dieser Stelle nochmal den Beginn des Liedes vorspielen lassen sollte. Danach werden die richtigen Antworten im Plenum gesammelt und damit das Textverständnis gesichert.

Da diese negative Sicht des Kinos wohl nicht der mehrheitlichen Meinung der SuS entspricht, sollen sie danach in Partnerarbeit einen Gegentext verfassen, der das Kino lobt – mit oder ohne Reimen.

Lösung

II. vertauschte Zeilen: l. 3-4, 13-14, 22-23, 27-28, 35-36
III. richtige Antworten: 1a, c ; 2b, c, e, g, j, k ; 3a, b, d, e, h ; 4. James Bond, Mission impossible

3.4 Les Yeux d'La Tête : « Cinéma »

I. « Moi et le cinéma » – Parlez-en à votre voisin(e).

II. Écoutez la chanson et marquez par une flèche ↻ les lignes qui ne sont pas dans le bon ordre.

Qu'est-ce que je m'ennuie[1]
Au cinéma
Je supporte[2] pas !
Rester assis

L'autre jour avec ma brune[3]
Qu'on savait pas trop quoi faire
L'Académie d'la Une[4]
M'avait foutu les nerfs.
Une petite gâterie[5]
N'a pas suffit
À me calmer, j'ai tout cassé la télé !
On est sorti, et elle m'a dit :
Écoute chérie, c'est pas qu'j't'aime pas...
« ça te dirait un p'tit ciné ? »
Mais... bon allez ok !

Une heure de queue[6] car c'est samedi
C'était pas une bonne idée j'te l'avais dit.
En plus y'a qu'des films de cain'ri[7]
Ou des comédies françaises pourries[8].

Mais si je suis content
C'est combien ? C'est 8 euros ?
Mais ils se font pas chier les salauds !
Mais si chérie j'te jure, je suis content
Tout ça pour être assis
Et mal en plus de ça
Derrière un chevelu[9] qui s'gave de popcorn
et de coca.

On peut même pas fumer
Il fait noir et trop chaud
Les sièges[10] me font mal au dos
J'serais mieux dans mon canapé[11]
Et puis c'est toujours pareil[12]
Leurs histoires à la con[13]
Deux abrutis[14] sous le soleil
Nous font revivre leur passion[15].
Trahison[16], Passion, désespoir[17]
Cul, Amour, Sexe, bagarre[18]
Un peu de vengeance[19]
Un peu de frisson[20], un bisou et
Fin de l'histoire !

© Auteur : Benoit Savar / Compositeur : Sam Cooke
standard Some of these days / Producteur : Fais & Ris

Voici des mots qui vous aident à comprendre le texte :

[1]s'ennuyer = sich langweilen ; [2]supporter = ertragen ; [3]la brune = la petite amie qui a les cheveux bruns ; [4]la une = une chaîne de télé ; [5]une gâterie = un chocolat ou un bonbon ; [6]la queue = Schlange ; [7]cain'ri = (le verlan pour) (amé)ricain ; [8]pourri,e = nul,le ; 9un chevelu = une personne avec beaucoup de cheveux longs ; [10]le siège = Sitz ; [11]le canapé = Sofa ; [12]pareil,le = das gleiche ; [13]à la con = bête (dämlich) ; [14]un abruti = un idiot ; [15]la passion = Leidenschaft ; [16]la trahison = Verrat ; [17]le désespoir = Verzweiflung ; [18]la bagarre = Schlägerei ; [19]la vengeance = Rache ; [20]le frisson = Schauder

ISBN 978-3-12-927918-2

III. Relisez le texte de la chanson et écoutez encore une fois le début, cochez les bonnes réponses et complétez.

1. L'homme est allé au cinéma parce que

☐ a) sa petite amie voulait y aller
☐ b) le ticket coûtait seulement 8 euros
☐ c) il avait cassé sa télé
☐ d) il n'avait pas le temps de réparer sa télé

2. L'homme n'aime pas le cinéma parce que/qu'

☐ a) il y a seulement des films américains
☐ b) il ne peut pas bouger
☐ c) il faut attendre longtemps pour acheter le ticket
☐ d) il ne peut pas bien dormir après avoir vu un film
☐ e) les tickets coûtent cher
☐ f) des gens fument devant le cinéma
☐ g) il ne voit pas bien l'écran
☐ h) le grand écran lui fait mal aux yeux
☐ i) les films durent trop longtemps
☐ j) les films sont nuls
☐ k) les sièges ne sont pas confortables
☐ l) les films causent des frissons et lui font peur

3. La musique de la chanson : Qu'est-ce que tu entends ?

☐ a) la voix d'hommes
☐ b) une guitare
☐ c) un violon
☐ d) un saxophone
☐ e) un accordéon
☐ f) un piano
☐ g) une flûte
☐ h) la batterie *(Schlagzeug)*

4. Au début de la chanson, les musiciens imitent la mélodie de quels films ?

....

IV. Notez des aspects positifs du cinéma.
Après, inventez un autre texte de chanson avec le titre : « Le cinéma est vraiment bien ».

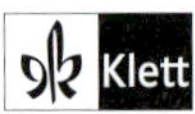

ISBN 978-3-12-927918-2

4.1 Les carambars

Lernziele
- die französische Spezialität „Carambars" kennenlernen
- Wortspiele in Witzen verstehen und die passenden Pointen zuordnen
- Kreativität fördern: einen Werbespot erfinden, die eigenen Ideen mit einem Original-Werbespot vergleichen

A2	B1
7. Kl	9. Kl

Material
KV 4.1a + b
Video im Internet (carambars pub la fabrique)

Verlauf
Als Einstieg reden die SuS über ihre Lieblingssüßigkeit – um alle zu aktivieren, spricht gleichzeitig je ein S mit seinem Banknachbarn, auf ein Signal der L hin werden die Rollen gewechselt (Aufgabe I).
Anschließend erhalten die SuS Hintergrundinformationen über Carambars: Dazu lesen sie in Stillarbeit den Lückentext und füllen die passenden Wörter aus dem Wortspeicher ein (Aufgabe II). Danach werden die richtigen Lösungen im Plenum zusammengetragen.
Nun sollen die SuS sich in Gruppenarbeit (z.B. in Vierergruppen) einen möglichen Werbespot für Carambars ausdenken. Sie notieren sich Stichpunkte und stellen dann im Plenum ihre Ideen vor. (Aufgabe III).
Im Anschluss daran sehen die SuS einen Original-Werbespot von Carambar und beurteilen ihn (Aufgabe IV). Dabei empfiehlt es sich, zuerst alle SuS gleichzeitig mit ihrem Banknachbarn reden zu lassen. Anschließend fragt die L im Plenum, ob die SuS den Clip „super" (= Daumen nach oben), „bof" (= Daumen zur Seite) oder „nul" (= Daumen nach unten) fanden. Die SuS zeigen nun alle per Handzeichen ihre Meinung, danach werden im Plenum einige Aspekte gesammelt, warum man den Werbeclip „super", „bof" oder „nul" finden kann.
(Der Clip ist auf Youtube zu finden und zeigt animierte Carambars, die sich bewegen, über einen Witz lachen – den mit dem Wortspiel, den sich die SuS als Vorentlastung in Aufgabe II erschlossen haben – und ein neues Papier mit einem Witz herstellen. Außerdem wird darauf hingewiesen, dass es einen „concours de blagues" gibt, bei dem man eigene Witze für Carambars einreichen kann.)

Zum Abschluss der Unterrichtsstunde lesen die SuS weitere Carambar-Blagues, ordnen in Einzel- oder Partnerarbeit die passenden Pointen zu (Aufgabe V) und stimmen mit Handzeichen ab, welcher Blague der Klassenfavorit ist.

Lösung
II. Le « carambar » s'appelle comme ça parce que c'est une barre en caramel. Ses ingrédients (Zutaten) principaux, ce sont le caramel et le cacao. Sa longueur est 7,5 cm et il coûte 10 centimes. Il existe depuis 1954. Mais pourquoi est-ce que le carambar est célèbre ? C'est surtout parce qu'on peut lire des blagues sur le papier du carambar. Ces blagues utilisent souvent des jeux de mots, par exemple : Quel est l'arbre préféré du boulanger ? le pin. (L'explication : [pɛ̃] = le pin (Kiefer) ou le pain (Brot).)

IV. 1d, 2a, 3g, 4f, 5b, 6i, 7j, 8h, 9c, 10e

Les carambars

I. Racontez à votre voisin(e) quelle sucrerie (Süßigkeit) vous aimez le plus et quelle sucrerie ne vous aimez pas du tout.

II. Voici des informations sur les carambars, une sucrerie particulière de la France. Complétez le texte par les mots suivants :

10 centimes ; le caramel ; célèbre ; une barre en caramel ; le pin (Kiefer) ; des blagues (Witze) ; le cacao ; 1954 ; les œufs ; des jeux de mots ; le pain ; une barre en cacao ; 7,5cm ; le boulanger (Bäcker) ; 20cm ; 10 euros
Mais attention : il y a quelques mots de trop !

Le « carambar » s'appelle comme ça parce que c'est .... Ses ingrédients (Zutaten) principaux, ce sont .... et .... Sa longueur est .... et il coûte .... Il existe depuis .... Mais pourquoi est-ce que le carambar est .... ? C'est surtout parce qu'on peut lire .... sur le papier du carambar. Ces blagues utilisent souvent ...., par exemple :

Quel est l'arbre préféré du .... ? le pin.

(L'explication : [pɛ̃] = ... (Kiefer) ou .... (Brot).)

III. Imaginez une publicité pour les carambars.
Réfléchissez : Quelles images est-ce qu'on peut montrer ? Quel texte / slogan est-ce qu'il faut ? Quelle musique est-ce qu'on peut choisir ?
Présentez vos idées à vos camarades .

....

....

....

....

....

IV. Regardez le clip publicitaire sur les carambars et dites ce que vous en pensez.

ISBN 978-3-12-927918-2

Les carambars

V. Voici d'autres exemples pour des blagues Carambar. Notez dans la grille la lettre de la deuxième partie qui manque.
Ensuite, cochez la blague que vous préférez et faites un sondage : quelle est la blague favorite de votre classe.

la lettre de la 2e partie

1. Quel est le fruit le plus féminin ? ……………………………………
2. Un sucre tombe amoureux d'une cuillère. Le sucre dit à la cuillère :
   (une cuillère = Löffel) ……………………………………
3. Quel super héros donne le plus vite l'heure ?
   (donner l'heure = sagen, wieviel Uhr es ist) ……………………………………
4. Pourquoi est-ce que Michaël ouvre la porte ? ……………………………………
5. Un fou se vante : « J'ai battu un record » – Son ami demande : « Ah bon, lequel ? »
   (se vanter = prahlen) ……………………………………
6. Quel est le comble pour un professeur de musique ?
   (le comble = der Gipfel) ……………………………………
7. Comment peut-on faire cuire dix carottes dans le désert ?
   (faire cuire = kochen) ……………………………………
8. Quel sont les lettres qu'on voit le moins ? ……………………………………
9. Deux vis parlent d'un tournevis : « Oh celui-là, quel beau gosse ! »
   (une vis = Schraube, un tournevis = Schraubenzieher) ……………………………………
10. Le gendarme demande à un automobiliste : « À combien rouliez-vous ? » ……………………………………

a « Nous pourrions peut-être nous rencontrer dans un café ? »

b « J'ai réussi à faire en 13 jours un puzzle sur lequel il y avait écrit 'de 3 à 5 ans'. »

c « Il nous a bien fait tourner la tête ! »

d L'ananas ! (→ la nana = Tussi)

e « À deux seulement, mais si vous voulez monter, il reste de la place. »
(→ rouler à deux personnes, rouler à 150 km/h)

f Parce que Jack sonne. (→ = Jackson)

g Speed heure man ! (→ = spider man)

h FAC (effacer) (effacer = löschen)

i Mettre des mauvaises notes.

j On en enlève deux et les carottes sont cuites ! (→ = que huit) (enlever = wegnehmen)

ISBN 978-3-12-927918-2

4.2 Les animaux comme ennemis

A2 7. Kl | A2+ 8. Kl | B1 9. Kl

Lernziele

- witzige Werbespots kennenlernen
- Kreativität fördern: eine Geschichte erfinden
- Hörsehverstehen produktiv umsetzen: passende Texte zu einem Clip (ohne Worte) erfinden

Material

KV 4.2

DVD-ROM: Videoclips (Copyrightzeile: © Creative Conspiracy Belgium) und Vorlage im Querformat für den Einsatz an Whiteboard

Inhalt des Films

In diesen Werbeclips für Busreisen mit dem Slogan „It's smarter to travel in groups" werden drei Situationen gezeigt, in denen schwächere Tiere nur dank Hilfe von anderen gegen ihren Feind gewinnen können: Pinguine bewegen sich alle auf eine Seite der Eisscholle, sodass der Hai unter der Eisscholle eingeklemmt wird. Ameisen bilden gemeinsam eine Kugel, die den Ameisenbär beim Einsaugen ersticken lässt. Krabben stellen sich nebeneinander und fahren ihre Scheren aus, sodass die Möwe keine einzelne Krabbe erwischen kann und stattdessen selbst Federn verliert.

Verlauf

Die Klasse wird in drei Gruppen geteilt. Die SuS jeder Gruppe sollen nun in Partnerarbeit oder zu mehreren (z.B. Vierergruppen) eine Geschichte zu ihren beiden Tieren erfinden (Aufgabe 1). (Bei Niveau A2 können evtl. Teile der Geschichte auch auf Deutsch sein, wenn zu viele französische Wörter unbekannt sind.) Anschließend werden (je nach Klassengröße) die Geschichten im Plenum erzählt oder die SuS laufen durch das Klassenzimmer und lesen die Geschichten ihrer Klassenkameraden. Danach sehen die SuS die drei Clips an und beschreiben, was sie gehört haben – nämlich eine spannungserzeugende Hintergrundmusik, aber keine Worte (Aufgabe 2 und 3).

Da bei diesen Clips keine Sprache vorhanden ist, bietet es sich an, die Tiere (wie in Zeichentrickfilmen üblich) zum Sprechen zu bringen. Die SuS sollen also passende Texte in Partnerarbeit notieren (Aufgabe 4). Dabei bearbeiten sie wieder die von ihnen bei Aufgabe 1 behandelten Tiere oder den Clip, der ihnen am besten gefallen hat. Danach zeigt die L die Clips nochmal ohne Ton und die SuS sprechen nun an den passenden Stellen den Text dazu.

Abschließend erklären die SuS den Werbeslogan „It's smarter to travel in groups" (Aufgabe 5) und die L sammelt im Unterrichtsgespräch Beispiele, warum Reisen in Gruppen im wahren Leben von Vorteil sein kann.

Lösung

Aufgabe 4: individuelle Lösungen; Beispiel für den 1. Clip:

Au début : « Ah non! Vous avez vu le grand poisson ? J'ai peur ! Qu'est-ce qu'on fait maintenant ? On est perdu ! »

À la fin : « Haha ! Nous sommes plus forts ! Le requin n'a pas de chance. Heureusement que je n'ai pas été tout seul ici ! »

Aufgabe 5: *les avantages de voyager en groupe : les autres peuvent aider quand on a un problème, les autres peuvent prendre une photo de toi devant une curiosité, on peut discuter avec les autres, on peut faire des jeux ensemble, etc.*

Les animaux comme ennemis

1. *Inventez une histoire avec ces animaux.*
   Réfléchissez : Qu'est-ce que l'animal plus faible (à gauche) peut faire pour se défendre (sich verteidigen) ?
   Qui va gagner à la fin ?

Groupe 1 : le pingouin — le requin

Groupe 2 : la fourmi — le fourmilier (Ameisenbär)

Groupe 3 : le crabe — la mouette (Möwe)

2. *Regardez les clips.*

3. *Après, décrivez ce que vous avez vu et entendu.*

4. *Imaginez ce que les animaux disent dans ces situations. Notez des phrases et dites-les à haute voix pendant que vous regardez encore une fois les clips sans son.*

5. *Expliquez le slogan des publicités.*

ISBN 978-3-12-927918-2

A2	A2+	B1
7. Kl	8. Kl	9. Kl

4.3 Une pub inattendue

Lernziele
- eine kurze Geschichte zu einer Filmmusik erfinden
- eine überraschende Handlung eines Werbespots kennenlernen
- Argumente für einen Werbespot sammeln und vortragen

Material
KV 4.3 (auf Folie kopiert)
Video im Internet (VW Passat Star Wars)
Vorlage im Querformat für den Einsatz an Whiteboard auf der DVD-ROM

Inhalt des Films
In diesem witzigen Werbespot (für den VW Passat) ist die bekannte Star-Wars-Melodie zu hören. Ein kleiner Junge hat sich als Darth Vader (aus Star-Wars) verkleidet und möchte auf alle möglichen Gegenstände seine „Macht" ausüben, doch das funktioniert nicht – bis am Ende auf seine Beschwörgeste hin plötzlich die Autoscheinwerfer aufleuchten. Er sieht jedoch nicht, dass sein Vater dies vom Haus aus mit dem Betätigen des Autoschlüssel-Knopfes verursacht hat.

Verlauf
Die L zeigt die Arbeitsaufträge auf Folie und spielt den Ton des Clips mehrfach ab. Die meisten SuS werden erkennen, dass es sich um die Star-Wars-Melodie handelt, am Ende kombiniert mit einem Schlüssel- und Auto-Geräusch.
In Partnerarbeit erfinden sie dann eine zur Musik passende Geschichte (wahrscheinlich etwas mit Kämpfen).
Anschließend gehen die SuS durch das Klassenzimmer und lesen die Geschichten ihrer Klassenkameraden (Aufgabe 1).
Beim Ansehen des Werbespots mit Bild (Aufgabe 2) werden die SuS wohl überrascht sein.
Aufgabe 3 eignet sich nur für ein höheres Lernniveau (B1).
Die SuS sammeln zunächst in Partnerarbeit Argumente, warum diese Werbung gelungen ist.
Anschließend gehen die SuS zu zweit mit einem anderen Klassenkameraden (nicht dem Banknachbarn der Argumente-Überlegungs-Phase) zusammen und tragen sich gegenseitig in einer kurzen Rede ihre Argumente vor.
Alternativ kann auch in Gruppenarbeit (z.B. Vierer-Gruppen) das komplette Meeting in einem Rollenspiel nachgespielt werden, indem andere SuS weitere Ideen für Werbespots präsentieren (von Autowerbungen, die sie kennen, oder neu erfundenen) und der „Chef" am Ende eine Entscheidung trifft und begründet.

Lösung
mögliche Argumente für Aufgabe 3: *c'est une mélodie très connue, les spectateurs vont être surpris, on trouve le garçon très mignon, la voiture est forte comme Darth Vader dans Star-Wars, etc.*

TIPP

Wenn ein paar SuS die Werbung schon kennen, können sie auf Französisch versprachlichen, was in der Werbung passiert. Sie haben also auch einen Lerneffekt, weil sie auf Französisch formulieren müssen.

Alternativ kann die L diesen SuS sagen, dass sie eine andere Werbung erfinden sollen, die auch zu dieser Musik passen könnte.

Une pub inattendue

1. Écoutez cette publicité sans voir les images.
   Après, imaginez ce qui se passe dans le film.
   Écrivez une petite histoire.

2. Regardez la publicité avec les images.

3. 

   Imagine : Tu es le réalisateur / la réalisatrice qui a inventé le scénario pour cette publicité. Maintenant, tu es dans une réunion avec le chef de l'entreprise dans laquelle plusieurs candidats proposent leur publicité et dans laquelle le chef décidera quelle publicité il achètera.
   Note des arguments : pourquoi est-ce que ta publicité est bonne ?
   Ensuite, fais un petit discours dans lequel tu expliques pourquoi le chef devrait choisir ta publicité.

ISBN 978-3-12-927918-2

4.4 Le papier ne sera jamais mort

A2+	B1
8. Kl	9. Kl

Lernziele

- über Vor- und Nachteile eines Tablets reflektieren
- einen witzigen Werbespot kennenlernen

Material

KV 4.4 (auf Folie kopiert)
Video im Internet
Vorlage im Querformat für den Einsatz an Whiteboard auf der DVD-ROM
mehrere (oder einen) Spielwürfel

Inhalt des Films

In dieser Werbung für Klopapier benutzt eine Ehefrau in verschiedenen Situationen normales Papier und ihr Mann zeigt ihr immer sein Tablet, das seiner Meinung nach überlegen ist. Als er jedoch auf dem WC sitzt und Klopapier fehlt, ruft er nach seiner Frau, aber die schiebt ihm nur unter der Tür das Tablet mit dem Bild eines Klopapiers durch.

Verlauf

Zur Einstimmung auf das Thema „Papier vs. Tablet" sollen die SuS ihre persönliche Meinung äußern.
Dazu wird die Aufgabenstellung auf Folie gezeigt (Aufgabe 1), die SuS erhalten zu zweit einen Würfel, würfeln abwechselnd und erzählen ihrem Partner die Antwort auf die Frage, die sie gewürfelt haben.
Um alle SuS zu aktivieren, arbeiten alle Schülerpaare gleichzeitig.
Falls ein S ein zweites Mal dieselbe Zahl gewürfelt hat, muss er die Frage ober- oder unterhalb beantworten.
Kurz vor Abschluss dieser Phase sagt die L, dass jetzt die SuS mit dem Würfeln aufhören und die noch fehlenden Fragen ihrem Partner beantworten sollen.
(Falls nicht ausreichend Würfel vorhanden sind, würfelt nur ein S und sagt laut die Zahl, zu deren Aufgabenstellung alle rechten Banknachbarn nun sprechen. Dann würfelt der nächste S und nennt laut die Zahl, zu deren Aufgabenstellung alle linken Banknachbarn sprechen usw.)
Anschließend sollen die SuS schätzen, wie viele Klassenkameraden das Tablet dem normalen Papier vorziehen (Aufgabe 2).
Dazu notiert jeder die entsprechende Zahl verdeckt.
Dann wird diese Frage im Plenum gestellt, die SuS, die die Frage mit „oui" beantworten würden, melden sich, werden gezählt – und nun kann ermittelt werden, wer vorher die Anzahl am besten geschätzt hat.
Danach sehen die SuS den Clip an, sollen ihn ihrem Nachbarn nacherzählen (abwechselnd je einige Sätze) und bewerten.

Le papier ne sera jamais mort

1. Jouez aux dés. Suivez la consigne de votre numéro et dites la réponse de la question à votre voisin(e).

Est-ce que tu utilises / voudrais utiliser une tablette ou pas – et pourquoi ?

Est-ce que tu préfères lire un livre / journal normal ou un texte sur tablette – et pourquoi ?

Est-ce que tu préfères recevoir une lettre traditionnelle ou un mail par tablette – et pourquoi ?

Est-ce que tu préfères avoir un calendrier avec tes rendez-vous sur tablette ou sur papier – et pourquoi ?

À ton avis, est-ce qu'il y a des situations où la tablette est plus utile, plus agréable que le papier normal ?

À ton avis, est-ce qu'il y a des situations où le papier normal est plus utile, plus agréable que la tablette ?

2. Estimez combien de vos camarades de classe préfèrent la tablette au papier normal.

3. Regardez le clip. Après, racontez à votre voisin(e) ce que vous avez vu et comment vous trouvez cette publicité.

ISBN 978-3-12-927918-2

4.5 Le Parisien

A2+ / 8. Kl   B1 / 9. Kl

Lernziele

- einen witzigen Werbespot kennenlernen
- Personen beschreiben und sich in sie hineinversetzen

Material

KV 4.5 (als Folie kopiert)
DVD-ROM: Videoclip und Vorlage im Querformat für den Einsatz an Whiteboard

Inhalt des Films

Dieser Clip zeigt, wie ein Mann einem Geschäftsmann seine Visitenkarte in die Hand drückt. Dieser Geschäftsmann beschädigt danach beim Ausparken ein Auto und legt die Visitenkarte des anderen an die Windschutzscheibe des kaputten Autos. Der Clip endet mit dem Werbeslogan für die (Boulevard-)Zeitung „Le Parisien": *„Le Parisien – il vaut mieux l'avoir en journal."*

Verlauf

Zunächst arbeiten die SuS paarweise zusammen: Je ein S (z.B. jeder, der rechts an einem Tisch sitzt) dreht sich um, sodass er mit dem Rücken zur Tafel bzw. Projektionswand des Overheads sitzt, wo die L die Arbeitsanweisung zeigt und dabei die rechte Hälfte des Fotos abdeckt.
Nun beschreiben alle SuS, die links sitzen und die Fotohälfte sehen, die Person ihrem Nachbarn (alle sprechen gleichzeitig) und stellen Hypothesen über die Handlungen der Person auf.
Danach werden die Rollen getauscht und die L zeigt die andere Hälfte des Fotos (Aufgabe 1).
Im Anschluss daran sehen die SuS den Clip und bewerten das Verhalten des Geschäftsmannes (Aufgabe 2) – um eine hohe Schüleraktivierung zu erreichen, sprechen wieder alle SuS gleichzeitig mit ihrem Nachbarn.
Dann klärt die L im Unterrichtsgespräch die Bedeutung des Werbeslogans (Aufgabe 3): Da sich der Pariser Geschäftsmann so unmöglich verhält, ist es besser, nicht persönlich mit einem „Parisien" Kontakt zu haben, sondern nur die Zeitung namens „Parisien" zu lesen.
Zur abschließenden kreativen Sicherung sollen die SuS (in Einzel- oder Partnerarbeit) einen Brief aus Sicht des betrogenen Mannes schreiben, der darin höflich erklärt, wie es zu der Namens-Verwechslung gekommen ist (Aufgabe 4).

TIPP

Auf dem Niveau A2+ kann die Erklärung des Slogans (Aufgabe 3) notfalls auch auf Deutsch erfolgen.

Le Parisien

1. Vous allez voir la moitié d'une photo. Décrivez la personne que vous voyez à votre voisin(e) (qui ne la voit pas) :
   - son aspect physique
   - ses vêtements
   - son âge.

   Ensuite, imaginez :
   - Qu'est-ce que le monsieur a fait avant ?
   - Qu'est-ce qu'il va faire après ?
   - Qu'est-ce qu'il pense à ce moment-là ?

   Après, changez de rôle et parlez de l'autre personne sur la photo.

2. Regardez la publicité. Racontez comment vous trouvez le comportement du monsieur à gauche.

3. Expliquez le slogan de la publicité.

4. L'homme à droite reçoit un mail de l'assurance (Versicherung) de voiture qui veut qu'il paie l'accident. Écrivez sa réponse dans laquelle il explique la situation.

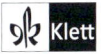

ISBN 978-3-12-927918-2

5.1 Un quiz sur la France

A1 6. Kl | A2 7. Kl | A2+ 8. Kl | B1 9. Kl

Lernziele
- landeskundliche Kenntnisse reaktivieren und erweitern

Material
KV 5.1 (auf Folie kopiert)
Vorlage im Querformat für den Einsatz an Whiteboard auf der DVD-ROM

Verlauf
Die L teilt die Klasse in zwei Gruppen, die gegeneinander spielen.
Dann deckt sie sukzessive die Fragen auf der Folie auf.
Jeder S notiert die Antworten verdeckt auf einem Blatt oder im Heft, dann nennt ein beliebiger S die korrekte Antwort.
Nun fragt die L, wer aus Gruppe 1 diese richtige Antwort ebenfalls aufgeschrieben hat, und zählt die Anzahl der Meldungen.
Dasselbe macht die L anschließend mit Gruppe 2.
Die Gruppe, in der sich mehr SuS gemeldet haben, erhält einen Punkt, der an der Tafel notiert wird.
Bei freieren Fragen (z.B. 6. französische Städte aufzählen) werden die von den Gruppenmitgliedern genannten Namen zusammengezählt – und die Gruppe mit der größeren Anzahl erhält den Punkt.
Bei der Zeichenaufgabe Nr. 4 erhält die Gruppe den Punkt, in der mehr SuS richtig gezeichnet haben.
Zum Vergleich deckt die L natürlich erst in der Verbesserungsphase die Karte unter der 4. Frage auf.
Am Ende hat die Gruppe mit den meisten Punkte gewonnen.

Lösung
1. *bleu – blanc – rouge*
2. *plus grande*
3. *moins d'habitants*
4. *environ comme un hexagone, Paris se trouve au milieu de la moitié supérieure*
5. *François Hollande*
6. *Paris, Marseille, Toulouse, Strasbourg, etc.*
7. *la tour Eiffel, Sacré-Cœur, l'Arc de Triomphe, les Champs-Elysées, etc.*
8. *Gustave Eiffel*
9. *Sur le pont d'Avignon, Frère Jacques, Alors on danse, Papaoutai, etc.*
10. *le tour de France*
11. *Astérix, Ziemlich beste Freunde / Intouchables, etc.*
12. *Astérix, Tintin (Tim und Struppi), Lucky Luke, etc.*
13. *la Corse / Korsika*
14. *l'Alsace*
15. *les notes de 0 à 20, les cours durent 50-55 minutes, les élèves ont cours tous les après-midi sauf mercredi, les élèves sont à la même école (le collège) jusqu'à 15 ans, il n'y a pas de cours de religion, etc.*
16. *le Québec, le Maroc, la Guadeloupe, le Sénégal, etc.*

TIPP

Bei diesem Wettbewerbsspiel ist es natürlich wichtig, dass die SuS ehrlich sind. Die L erklärt also vorher der Klasse, dass Ehrlichkeit wichtig ist, und kann außerdem die Gruppen so festlegen, dass alle links sitzenden Banknachbarn eine Gruppe bilden und alle rechts sitzenden Banknachbarn die andere Gruppe. Das hat den Vorteil, dass die SuS es merken, falls ihr Banknachbar (der ja zur gegnerischen Mannschaft gehört) schummelt und sich meldet, obwohl er die Antwort vorher nicht richtig aufgeschrieben hat.

Wenn die SuS nicht alles wissen, macht das ja gar nichts, dann lernen sie etwas dazu und es erweitert ihre Allgemeinbildung.

Un quiz sur la France

1. Dessine le drapeau (Flagge) français (avec les couleurs correctes).
2. Est-ce que la France est plus grande / petite que l'Allemagne ?
3. Est-ce que la France a plus de / moins d'habitants (weniger Einwohner) que l'Allemagne ?
4. Dessinez une carte de la France avec Paris.
5. Comment s'appelle le président de la France ?
6. Écrivez les noms de villes françaises que vous connaissez (kennt).
7. Écrivez les noms des curiosités (Sehenswürdigkeiten) à Paris que vous connaissez.
8. Comment s'appelle l'homme qui a fait les plans pour la tour Eiffel ?
9. Écrivez les noms de chansons françaises que vous connaissez.
10. Quelle compétition (Wettbewerb) sportive est en France ?
11. Écrivez les noms de films français que vous connaissez.
12. Écrivez les noms de BD françaises que vous connaissez.
13. Quelle île (Insel) dans la Méditerranée (Mittelmeer) fait aussi partie de (gehört zu) la France ?
14. Comment s'appelle la région française qui a été allemande autrefois (früher) ?
15. Qu'est-ce qui est différent dans une école en France ?
16. Écrivez les noms d'autres pays où on parle français.

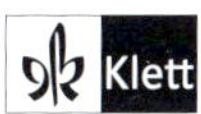

ISBN 978-3-12-927918-2

5.2 Un quiz sur l'Europe

A2+	B1
8. Kl	9. Kl

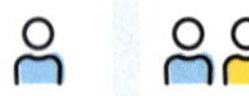

Lernziele
- Wissen über Europa / Allgemeinbildung reaktivieren und erweitern
- französische Länderbezeichnungen wiederholen

Material
KV 5.2

Verlauf
Die SuS lösen die Aufgaben in Einzel- oder Partnerarbeit. In der anschließenden Verbesserungsphase im Plenum geben sie sich für jede richtige Lösung einen Punkt. Gewonnen hat am Ende der S oder das Schülerpaar mit den meisten Punkten.

Lösung
1b ;
2b ;
3. la France, l'Allemagne de l'Ouest, la Belgique, l'Italie, le Luxembourg, les Pays-Bas ;
4. 28 (en 2016) ;
5. la Croatie (en 2013) ;
6b (→ le chiffre 12 symbolise la perfection) ;
7. l'Ode à la Joie, Ludwig van Beethoven (9e symphonie) ;
8. le plus petit État = Malte ; le plus grand = la France ;
9. l'Allemagne ;
10b+c ;
11c ;
12c ;
13 : 11 (de 28) : la Bulgarie, le Danemark, la Croatie, la Lettonie (Lettland), la Lituanie (Litauen), la Pologne (Polen), la Roumanie (Rumänien), la Suède (Schweden), la République tchèque, la Hongrie (Ungarn), le Royaume-Uni (en 2016) ;
14. faux : la face qui porte le chiffre est la même, mais le verso est différent dans chaque pays ;
15a

Un quiz sur l'Europe

1. À l'origine[1], le mot « Europe » désignait[2]

   ☐ a) une montagne en Crète[3]
   ☐ b) l'amante[4] du dieu Zeus
   ☐ c) l'ancien empire[5] grec

2. L'Union européenne (UE) existe depuis

   ☐ a) 1957 ☐ b) 1992 ☐ c) 2002

3. L'Europe des Six, c'est-à-dire les premiers pays qui se sont unis[6] par le traité[7] de Rome en 1957, ce sont…

   ……………………………………………………………………

4. Combien de pays membres est-ce que l'UE a actuellement ? ……………………………………

5. Quel est le dernier pays qui est devenu membre de l'UE ? ……………………………………

6. Combien d'étoiles[8] est-ce qu'on trouve sur le drapeau[9] européen ?

   ☐ a) 10 ☐ b) 12 ☐ c) 28

7. Comment s'appellent l'hymne européen et son compositeur allemand ?

   ……………………………………………………………………

8. En superficie, quel est le plus petit État[10] de l'Union européenne ? Et quel est le plus grand ?

   ……………………………………………………………………

9. Quel est l'État le plus peuplé[11] de l'UE ? ……………………………………

10. L'Europe est plus peuplée que…

    ☐ a) la Chine ☐ b) les États-Unis ☐ c) la Russie ☐ d) l'Inde

11. Quelle est la première puissance commerciale[12] ?

    ☐ a) les États-Unis ☐ b) le Japon ☐ c) l'Union européenne

12. Depuis quand est-ce qu'il y a l'euro comme monnaie[13] commune ?

    ☐ a) 1992 ☐ b) 2000 ☐ c) 2002

13. Combien de pays de l'Union européenne (UE) n'ont pas introduit l'euro ? Nommez-en quelques-uns.

    ……………………………………………………………………

14. « Les pièces en euro sont les mêmes dans tous les pays de la zone euro. » – vrai ou faux et pourquoi ?

    ……………………………………………………………………

15. Les accords de Schengen[14] (de 1995) disent qu(e)…

    ☐ a) on n'est plus contrôlé à la frontière[15] entre deux pays de l'UE

    ☐ b) il faut avoir un passeport[16] européen

    ☐ c) les pays membres ne doivent pas avoir beaucoup de dettes[17] pour garantir la stabilité

[1]à l'origine = ursprünglich ; [2]désigner = bezeichnen ; [3]la Crète = Kreta ; [4]l'amante = Geliebte ; [5]un empire = Reich ; [6]s'unir = sich zusammenschließen ; [7]le traité = Vertrag ; [8]une étoile = Stern ; [9]le drapeau = Flagge ; [10]un État = Staat ; [11]peuplé,e = bevölkert ; [12]la puissance commerciale = Wirtschaftsmacht ; [13]la monnaie = Währung ; [14]les accords de Schengen = Schengener Abkommen ; [15]la frontière = Grenze ; [16]un passeport = Ausweis ; [17]des dettes *(fpl)* = Schulden

ISBN 978-3-12-927918-2

Bildquellennachweis

Cover.1 Les Yeux d'La Tête, Frank Loriou; **Cover.2** Shutterstock (Lars Kastilan), New York; **Cover.3** Titeuf Tome 11 par Zep, Editions Glénat 2006; **Cover.4** Shutterstock (ImageFlow), New York; **Cover.5** Creative Conspiracy Belgium; **1.3** Thinkstock (yayayoyo), München; **2.1.2.1** iStockphoto (tiekiober), Calgary, Alberta; **2.1.2.3** iStockphoto (S-S-S), Calgary, Alberta; **2.1.2.4** iStockphoto (krolone), Calgary, Alberta; **2.1.2.5** Thinkstock (iZonda), München; **2.1.2.6** iStockphoto (Liubov1148), Calgary, Alberta; **2.1.2.7** iStockphoto (geopaul), Calgary, Alberta; **2.1.2.8** Thinkstock (i3alda), München; **2.1.2.9** iStockphoto (whanwhanai), Calgary, Alberta; **2.1.2.10** Thinkstock (LinaTruman), München; **2.1.2.11** iStockphoto (maxicam), Calgary, Alberta; **2.1.2.13** Thinkstock (MrsWilkins), München; **2.1.2.14** Thinkstock (iZonda), München; **2.1.2.15** Thinkstock (ok-sana), München; **2.1.2.16** Thinkstock (TrishaMcmillan), München; **2.1.2.17** Thinkstock (filo), München; **2.1.2.18** Thinkstock (AlenaRozova), München; **2.1.2.19** Thinkstock (aunaauna), München; **2.1.2.20** iStockphoto (Leya1703), Calgary, Alberta; **2.1.3** iStockphoto (vuifah), Calgary, Alberta; **2.1.9** Shutterstock (Heather Frackiewicz), New York; **2.1.11** Thinkstock (Click48), München; **2.1.2.12** getty images (DEUTSCH Jean-Claude), München; **2.3.3** Shutterstock (PureSolution), New York; **2.3.4** Thinkstock (majivecka), München; **3.1.1** iStockphoto (PaulaConnelly), Calgary, Alberta; **3.1.2** Wikimedia Commons (Georges Biard), San Francisco; **3.3.1** Shutterstock (meunierd), New York; **3.3.2** Thinkstock (radenmas), München; **3.3.3** Thinkstock (seamartini), München; **3.4.1** Thinkstock (Netkoff), München; **3.4.2** Wikimedia Commons (joergens.mi), San Francisco; **4.2.1** Thinkstock (Tigatelu), München; **4.2.2** Thinkstock (Tigatelu), München; **4.2.3** iStockphoto (nokee), Calgary, Alberta; **4.2.4** iStockphoto (Jeane09), Calgary, Alberta; **4.2.5** Thinkstock (Daniel Cole), München; **4.2.6** iStockphoto (Tigatelu), Calgary, Alberta; **4.3** iStockphoto (A-Digit), Calgary, Alberta; **4.4.1** Thinkstock (VLADGRIN), München; **4.4.2** Thinkstock (Quality-illustrations), München; **5.1** Fotolia.com (Onidji), New York; **5.2** Fotolia.com (igor), New York